Zum Buch

Wir müssen über Geld reden. Findet Anna Mayr. Ihr Aufwachsen war von Armut und Arbeitslosigkeit geprägt. Inzwischen hat sie es »geschafft«: Kleinfamilie, Altbauwohnung, Medienjob. Ihr Lebensweg hat ihr eine besondere Perspektive auf die Ungleichheit in unserer Gesellschaft eröffnet: »Wenn man Geld hat, muss man akzeptieren, dass andere leiden, während es einem selbst gut geht.« Ihr neues Buch ist ein Haushaltsheft über Wohlstandsausgaben. Fünf Euro für ein Glas Rotwein. Der kann ja nichts taugen, denkt sie – und möchte sich im gleichen Moment am liebsten selbst enteignen. 600 Euro für die Umzugsleute – die sie bezahlt, damit sie in der gleichen Zeit, in der diese Männer schuften, das Doppelte verdienen kann. »Mein Wohlstand widert mich an« ist ein brutal ehrlicher Kassensturz. Ein Buch, das aufregen will, und ein offenherzig schmerzhafter Beitrag zur Debatte über Ungleichheit und Teilhabe.

Zur Autorin

Anna Mayr wurde 1993 in einer Mittelstadt am östlichen Rand des Ruhrgebiets geboren. Sie schrieb für eine Boulevardzeitung, arbeitete als Deutschlehrerin, lernte an der Deutschen Journalistenschule in München, landete dann beim *ZEIT*-Magazin. Heute ist sie Redakteurin im Politik-Ressort der *ZEIT* und lebt in Berlin. Zuletzt erschien ihr Buch »Die Elenden – Warum unsere Gesellschaft Arbeitslose verachtet und dennoch braucht« (2020).

ANNA MAYR

MEIN WOHLSTAND WIDERT MICH AN

Eine persönliche Abrechnung

Wilhelm Heyne Verlag
München

MIX
Papier | Fördert
gute Waldnutzung
FSC® C014496

Penguin Random House Verlagsgruppe FSC® N001967

Taschenbucherstausgabe 11/2024

© Originalverlag 2023
Die Originalausgabe erschien unter dem Titel
»Geld spielt keine Rolle«.
Lizenzausgabe mit freundlicher Genehmigung von Hanser Berlin
in der Carl Hanser Verlag GmbH & Co. KG, München
Der Wilhelm Heyne Verlag, München, ist ein Verlag
der Penguin Random House Verlagsgruppe GmbH,
Neumarkter Straße 28, 81673 München
Umschlaggestaltung: DAS ILLUSTRAT, München,
unter Verwendung eines Motivs von Shutterstock.com (Cafe Racer)
Satz: Sandra Hacke, Dachau
Druck: GGP Media GmbH, Pößneck
Printed in Germany
ISBN: 978-3-453-60693-7

www.heyne.de

INHALT

EAT THE RICH

Viele Dinge, die ich mache, sind Quatsch. Noch merke ich das. Noch habe ich ein Gefühl von Fremdheit, wenn ich ein Sofa für 2000 Euro kaufe oder eine Mango für 3,49 Euro. Aber es kann gut sein, dass das bald nicht mehr so sein wird. Deshalb will ich es konservieren, in diesem Buch. Ich will das Gefühl festhalten, dass die Welt falsch eingerichtet ist und ich davon in vollem Bewusstsein profitiere. Bevor ich einer dieser Menschen werde, die sich einreden, dass alle Dinge genauso sein müssen, wie sie sind, dass es keine andere mögliche Gesellschaft gibt, kein anderes mögliches Ich für sie selbst. Diese Menschen, die meinen, sie wären durch ihre eigene Leistung reich geworden. Noch weiß ich, dass es nicht Leistung ist, die einen weiterbringt, sondern Glück.

In diesem Buch geht es um meine Zerrissenheit, um meinen Kampf gegen mich selbst, und das ist gar nicht so leicht zu formulieren. Es geht nicht um etwas, das gewesen ist, sondern um das, was ist; um die Wohnung, in der ich mich aufhalte, um die Möbel, die mich umgeben. Um die Dinge, die ich im Supermarkt kaufe, weil sie mir schmecken, nicht, weil sie günstig sind. Neulich stand ich mit M. vor einem Regal in einem italienischen Feinkostladen. M., das muss man vielleicht wissen, ist mein Partner, wir teilen kein Konto, aber einen Haushalt und auch sonst alles miteinander, wir sind eine bourgeoise Kleinfamilie, demzufolge Feinde des Sozialismus. Als diese standen wir also in dem Laden, vor uns in einem Regal: winzige Gläser mit Trüffeln drin, 16,85 Euro für 50 Gramm. M. sagte: »Kauf das.

Du liebst Trüffel.« Obwohl er weiß, wie sehr ich es hasse, Trüffel zu lieben. Ich habe ein Gläschen gekauft.

Mein erstes Buch war eine Anklage. Ich stand vor der Gesellschaft, vor meinem Publikum, und zeigte auf all die Dinge, die ich erlebt und recherchiert hatte. Ich zeigte auf die Widersprüchlichkeiten der deutschen Sozialpolitik, auf die historische Verachtung der Unterschicht, auf meine Kindheit, die sorgenfreier hätte sein können. Ich wollte zeigen, dass diese Gesellschaft Armut und Arbeitslosigkeit braucht, um zu funktionieren, und wie sehr ich darunter gelitten habe.

Eine Frage, die mir seitdem oft gestellt wird: »Wann hast du gemerkt, dass deine Familie arm ist?« Manchmal in Abwandlungen: »dass ihr anders seid«, »dass ihr weniger Geld hattet«, »dass weniger Ressourcen da waren«, oder, positiver formuliert, »dass andere Kinder mehr Geld hatten als du«. Bisher habe ich immer brav geantwortet, dass Armut auch nur eine von vielen ökonomischen Realitäten ist. Deshalb habe ich – wie eigentlich alle Kinder – erst in der Pubertät einen Unterschied zwischen mir und meiner Umgebung bemerkt. An dem Punkt eben, an dem man beginnt, sich als Teil der Gesellschaft zu begreifen.

Warum wollen Menschen den schmerzlichen Moment nacherzählt bekommen, in dem ein Teenager sich seiner Benachteiligung bewusst wird? Warum empfinden sie so große Lust dabei, anderen dabei zuzusehen, wie sie mit Geld umgehen, mit Geld konfrontiert werden, an Geld und dessen Fehlen leiden? Bei *Zeit Online* werden Texte über Geld ähnlich häufig angeklickt wie Texte über Sex. Liegt wohl daran, dass Geld ähnlich große Gefühle auslöst. Glück, Erleichterung, Verzweiflung. Es hat also schon fast etwas Voyeuristisches, jemanden zu fragen, wie er seiner eigenen ökonomischen Verhältnisse gewahr wurde. Denn ökonomische Verhältnisse sind intim. Sie lösen so große Gefühle aus, dass man ungern selbst darüber spricht – und wenn, dann lieber retrospektiv.

Deshalb will ich jetzt auf mein heutiges Leben zeigen, das ein Leben mit Geld ist. Ich will dieses Leben nicht anders, ich habe lieber Geld als kein Geld. Aber ich mag den Menschen, zu dem ich mit Geld geworden bin, nicht besonders.

Die meisten Leute, so habe ich es mir sagen lassen, denken beim Geldausgeben nicht darüber nach, ob das, was sie kaufen, wirklich notwendig ist. Ob die zehn oder zwanzig Euro, die sie ausgeben, nicht eigentlich besser bei jemand anderem aufgehoben wären. Bei jemandem, der sich davon Essen kaufen würde oder ein Paar Handschuhe. Die meisten Leute nehmen die Verteilung von Ressourcen als gegeben hin. Einer hat viel, weil er viel arbeitet oder sich doll angestrengt hat. Eine hat wenig, weil sie Pech hatte oder faul war. Deshalb kann einer sich von 100 Euro ein Abendessen kaufen, während eine andere von 100 Euro sich selbst und zwei Kinder durch einen Monat bringen muss.

Wenn man Geld hat, muss man also akzeptieren, dass andere leiden, während es einem selbst gut geht. Dass man das Leid der anderen theoretisch lindern könnte, mit nur wenigen eigenen Einbußen. Dass man sich allerdings dagegen entscheidet, aus Angst, aus Unsicherheit, aus Konformität, aus Gewohnheit. Man konsumiert Dinge, obwohl man sie selbst überhaupt nicht braucht, während andere nicht das konsumieren können, was sie unbedingt brauchen. Ich finde es faszinierend, dass das menschliche Gehirn fähig ist, eine derart elementare Ungerechtigkeit auszuhalten. Oder dass es wenigstens lernt, sie zu verdrängen.

Das geht zum Beispiel, indem man sich einredet, dass Glück aus Konsum besteht und Konsum denjenigen vorbehalten ist, die etwas »erarbeiten«. Dass wir unseren Lohn also nicht nur verdienen in dem Sinn, dass er monatlich auf unser Konto kommt, sondern dass wir ihn im moralischen Sinn verdienen, denn wir tragen bei zum großen Ganzen, wir verbessern den menschlichen Zustand, sodass er ein Wohlstand werde. Es ist in dieser Logik nicht ungerecht, dass andere Leute weniger verdienen. Sie müssen ihre Arbeitskraft verkaufen, sie müssen im Restaurant bedienen, an der Kasse im Supermarkt, sie müssen Kinder hüten. Niemand ist bereit, sie dafür besser zu bezahlen, denn ihre Arbeit ist weniger wert. Warum auch immer. Wenn wir aufhörten, daran zu glauben, dass diese Unterschiede gerechtfertigt sind, dann ginge all die Sicherheit flöten, die die Marktwirtschaft verspricht. Die Sicherheit nämlich, dass der Staat privaten Besitz schützt. Dass man sich Dinge erarbeiten kann, die man nie wieder verliert. Dass jeder durch Leistung und Willen ein freier, wohlhabender Mensch werden kann. Natürlich sind das Illusionen. Jedoch sehr schöne.

Ich bin ein Teil dieser Verlogenheit. Ich verdiene Geld, ich kann mir viel kaufen, ich mache mir keine Sorgen. Wenn mich jemand in einem Interview fragt, ob es nicht doch so etwas gebe wie »Leistung«, ob ich nicht das beste Beispiel sei, dass man durch harte Arbeit an sein Ziel kommt, dann gebe ich immer noch die Antwort, die ich von mir selbst hören will: Dass alles aus Glück besteht und Leistung egal ist. Abstieg und finanzielle Not, sage ich, sind nie eigene Schuld, sondern immer einfach Pech. All die Argumente dafür zähle ich auf, ohne darüber noch groß nachzudenken; die Momente, in denen ich Glück hatte, die Statistiken, die zeigen, dass arme Kinder meistens arm bleiben. Ich weiß sogar, mit welchen Gesten ich welche Aussage untermauere, damit man sie besser versteht. Aber ein Teil von mir zweifelt daran. Ein Teil von mir will Belohnung und Anerkennung.

Neulich habe ich das einer Freundin verraten, als wäre es ein

Geheimnis. »Weißt du«, sagte ich, als wir auf das Thema kamen, vor mir stand ein Stück veganer Schokokuchen für 5,60 Euro, »ich denke in letzter Zeit viel über Leistung nach. Darüber, ob es so was nicht vielleicht doch gibt.« Sie hat sich ziemlich darüber gewundert, wie peinlich mir das war.

Zerrissenheit ist viel intimer als Wut. Es fällt mir schwer, sie zu erklären. Ich möchte nichts abgeben, gleichzeitig möchte ich eine bessere Welt. Ich bin eine Salonlinke, ich wäre bereit, mein Einkommen höher zu versteuern, setze mich aber nur halbherzig dafür ein, dass das passiert. Ich bin wie all diejenigen, die ich einst wachrütteln wollte. *Eat the rich*, darf man das noch rufen, wenn man sich damit selbst den Fuß abbeißen würde?

Oft fragen mich Moderatorinnen bei Veranstaltungen oder Lesungen, was zu tun sei. Was sich ändern müsse – und was jede Einzelne ändern könne, damit weniger Menschen arm sind. Ich sage meistens, dass es gesellschaftliche Mehrheiten für ein soziales Sicherungssystem braucht, in dem Menschen nicht verarmen. Aber das stellt Zuhörer nicht unbedingt zufrieden. Also sage ich dazu: Was jede Einzelne tun kann, ist, sich selbst ehrlich zu betrachten. Sich zu fragen, wie man eigentlich zur Welt steht, welche Privilegien man hat, was man kauft und was man wäre, wenn man all das nicht kaufen könnte. Die Leute lieben es, ihre Privilegien zu reflektieren. Denn aus der Erkenntnis, dass man Privilegien hat, muss nichts folgen. Man kann sich sogar darüber freuen festzustellen, wie gut man es hat. Vielleicht wird man zusätzlich etwas mitleidiger gegenüber denjenigen, die keine Privilegien haben. Aber damit sich politisch etwas ändert, muss eine kritische Masse von Menschen nicht nur ihre Privilegien reflektieren, sondern auch zu der Erkenntnis kommen, dass diese ungerecht sind.

In meinem letzten Sommerurlaub haben wir in einem Boutique-Hotel geschlafen, das schönste Hotel, in dem ich je war.

Beim Frühstücken schauten wir aufs Meer, und morgens, beim Aufwachen, auf eine kleine Terrasse. Tagsüber fuhren wir an Strände und lagen auf Liegen herum, deren Miete 25 Euro pro Tag kostete. Abends tranken wir in Bars Apérol Spritz, ein Glas für 15 Euro. Es war wunderbar und schrecklich. Denn ich begann in diesem Urlaub, Stimmen zu hören. Sie sagten: Ja, ja, das ist alles toll hier. Aber brauchst du das? *Bist* du das jetzt?

Mir begegnet im Alltag häufig der Vorwurf, ich würde meine Privilegien falsch reflektieren. Die falschen Schlüsse ziehen aus dem, was ich erlebe und erlebt habe. Manche Menschen mit Geld finden, es wäre langsam an der Zeit, dass ich aufhöre, linke Positionen zu vertreten; schließlich sei das unauthentisch, da ich ja nachweislich inzwischen genug Geld habe. Diese Haltung ist, nun ja, verunglückt-identitätspolitisch. Als könnte man nur die Dinge richtig finden und vertreten, von denen man selbst profitiert. Wiederum finden Menschen ohne Geld oft, dass ich nicht radikal genug bin. Weil ich kein bedingungsloses Grundeinkommen fordere und weil ich mit Sozialdemokraten spreche, ohne ihnen die Augen auszukratzen. Diese Wut kann ich verstehen, sie beschäftigt mich.

Denn natürlich hätten wir auch in einem billigeren Hotel eine wunderbare Zeit haben können. Oder auf einer billigeren Insel. Wir hätten die Differenz zu diesem Urlaub berechnen und den restlichen Betrag jemandem überweisen können, der Geld braucht. Wir waren nicht die besten Menschen, die wir hätten sein können. Ich war nicht der beste Mensch, der ich hätte sein können.

Das Private ist politisch. Erstens dringen politische Verhältnisse in unser Dasein ein, sie umgeben uns, sie verändern, wie wir leben. Und zweitens ist es umgekehrt nicht egal, wie sich der einzelne Mensch in der Gesellschaft verhält. Geld ist Macht. Besitz ist Macht. Und trotzdem fühle ich mich nicht mächtiger, seitdem ich Geld verdiene. Ich fühle mich nur selbst sicherer. Wenn meine Freunde oder meine Familie Geld brauchen, dann kann ich es ihnen geben. Wenn keine Tram fährt, kann ich mir ein Taxi rufen, um früher nach Hause zu kommen und eine halbe Stunde mehr Schlaf zu bekommen. Ich war seit Jahren nicht mehr wirklich krank, weil ich mir immer sofort alle möglichen Medikamente kaufe (Bärentrauben-Tabletten gegen Blasenentzündung, 17,44 Euro). Weil ich draußen nie friere und immer genau das esse, worauf ich Lust habe (Mindestbestellwert bei meinem Lieblings-Sushiladen in Prenzlauer Berg: 50 Euro). Klingt banal. Ändert aber alles.

Probleme sind in unserer Gesellschaft falsch verteilt. Wenige Leute haben sehr wenige oder sehr kleine Probleme, wozu ich zum Beispiel nierenkranke Katzen, schlechte Schulnoten oder sexlose Partnerschaften zählen würde. Währenddessen haben viele Leute sehr große Probleme. Zum Beispiel schwere Krankheiten, Arbeitslosigkeit, Diskriminierung, Einsamkeit. Diese großen Probleme des Lebens sind meistens die, die sich mit Geld zumindest lindern lassen.

Blöd nur, dass auch das Geld falsch verteilt ist: Viele haben sehr wenig, 40 Prozent der Deutschen geben in Umfragen an, dass sie quasi gar keine Ersparnisse haben. Sie verbrauchen jeden Monat all das Gehalt, das sie verdienen, um die grundlegenden Dinge des Lebens zu kaufen. Gleichzeitig haben sehr wenige sehr viel. Das reichste Prozent der Deutschen besitzt 30 Prozent des Volksvermögens[1], und mehr als die Hälfte derjenigen, die große Vermögen besitzen, hat diese Vermögen geerbt.[2] Jede Minute werden in Deutschland im Schnitt 500 000 Euro vererbt[3], während gleichzeitig jeden Tag Leute hungern, weil sie sich kein Essen kaufen können.

Eigentlich haben wir alle Zugang zu allen Informationen. Jeder, der Zeitung liest, weiß, wie ungerecht die Welt ist. Man kann nachlesen, dass das Geld vieler der reichsten deutschen Familien aus der Nazizeit weitervererbt wurde. Man kann nachlesen, auf welche Weise verschiedene Industrien auf Gesetzgebungen Einfluss nehmen. Man kann nachlesen, wo die Deutsche Bank ihr Geld anlegt. Aber das Wissen über all diese Dinge beeinflusst unsere Handlungen nicht.

Man sagt, dass wir alle unbewusst das Patriarchat verinnerlicht haben. Dass Frauen sich deshalb mehr für Kinder verantwortlich fühlen als Männer, obwohl sie auf einer abstrakten Ebene wissen, dass die Männer genauso verantwortlich sind. Auf eine ähnliche Weise haben wir die Ungerechtigkeit verinnerlicht. Die Leistungsgesellschaft. Noch im edelsten Sozialisten schlummert ein wohlhabender Schnösel, der nur darauf wartet hervorzutreten. Wer im Kapitalismus von »Chancengleichheit« spricht, meint deshalb damit immer: die gleichen Chancen, ein reicher Unsympath zu werden. Denn das ist es, was »Aufstieg« bedeutet.

Je mehr Geld man Leuten gibt, desto unempathischer werden sie, desto unsozialer verhalten sie sich. Diese These ist nicht aus anekdotischer Evidenz entstanden, sondern durch Studien von Dacher Keltner mehrfach belegt worden. Reich zu sein erhöht die Wahrscheinlichkeit, schäbig zu sein,[4] persönlicher Überfluss verdirbt uns, selbst wenn wir es schaffen, einen offenen Blick für Ungerechtigkeit zu bewahren. Leute mit Geld setzen sich deshalb selten für ihre eigene Besteuerung ein. Das liegt nicht daran, dass sie diese Besteuerung unbedingt falsch finden. 67 Prozent der Deutschen befürworten höhere Steuern auf höhere Einkommen, fand eine Studie von Infratest dimap[5] 2021 heraus. 94 Prozent der Deutschen, ergab im gleichen Zeitraum eine Forsa-Umfrage[6], finden es richtig, Kinderarmut zu bekämpfen. Die meisten Menschen würden sich also in einer gerechteren Gesellschaft wohler fühlen, aber die wenigsten tun etwas dafür, dass die Gesellschaft gerechter wird. Das liegt daran, dass sie beschäftigt sind. Sie müssen in Geschäften stehen und Kleidung anprobieren. Sie müssen den Überfluss verwalten, der ihr Verdienst ist.

Die folgenden Kapitel handeln von Dingen, die ich mir gekauft habe. Manchmal auch von Dingen, die andere Leute sich gekauft haben. Ich will erzählen, was ich eigentlich lieber verdrängen würde. Ich will alle Gedanken zulassen, die ich mir mache, über Gerechtigkeit und Konsum-Unsinn. Manchmal sind sie naheliegend. Manchmal abwegig. Manchmal schäme ich mich für sie, weil ich mich selbst nicht mehr erkenne.

Geld ist absurd, alles daran. Wenn ich in den vergangenen Monaten Freunden und Bekannten von dieser These erzählt habe, begannen einige, mir ihre eigenen absurden Käufe aufzuzählen. Weinkühlschränke. Erste-Klasse-Zugtickets. Urlaubsflüge. Küchengeräte. Andere wurden ganz zurückhaltend. Waren darauf bedacht, immer wieder zu erwähnen, wie privilegiert sie sind und dass sie das aber total reflektieren. Wie viel sie spenden oder wie schlecht sie sich fühlen wegen des Autos. Mensch-Geld-Beziehungen, vermute ich, sind noch häufiger gestört als Eltern-Kind-Beziehungen. Vielleicht kann dieses Buch zu etwas Entwirrung beitragen.

600 EURO
für einen Umzug

Vier Männer in blauschwarzen Anzügen saßen um M.s Esstisch, in seiner offenen Küche, und warteten darauf, dass ich Kaffee koche. Wobei, ich muss es anders sagen: Es ist ja jetzt in gewisser Weise auch mein Esstisch, denn die Männer haben meine Möbel in die Wohnung getragen. Das heißt, dass ich jetzt hier wohne. Die Männer hatten sich darüber gewundert, dass ich so wenige Möbel besitze. Wir hatten zusammen gelacht darüber, wie einsam meine Sachen in dem riesigen Lkw standen. Sie hätten mit dem Kleintransporter kommen können, sagte einer. Was ich nett fand, denn unangenehme Situationen werden ein bisschen weniger unangenehm, wenn man darüber lacht, und ich finde es unangenehm, dass ich vier Männer gemietet habe, die meinen Umzug erledigen. Aber es schien mir, als wäre jetzt die Zeit im Leben gekommen, in der ich jemanden bezahle, um meine Möbel zu tragen, anstatt Freunde zu fragen.

Das Prinzip Arbeitsteilung setzt – wenn man mal ernsthaft darüber nachdenkt – eigentlich Lohngleichheit voraus. Eigentlich müssten die Möbelpacker genauso viel verdienen wie ich. Denn in der Zeit, in der sie den Laster vorfahren und die Kisten einladen, kann ich etwas anderes tun. Indem ich ihnen Geld gebe, kaufe ich mir Zeit, um selbst Geld zu verdienen. Das heißt, dass unsere Zeit, meine und die der Möbelpacker, im Grunde gleich viel wert ist. Ähnlich ist es mit Erziehern und den Eltern der Kinder, die die Erzieherinnen betreuen. Wenn sie nicht wären, dann könnten die Eltern nicht arbeiten. Das heißt, dass die Erzieher eigentlich den Gegenwert mindestens eines Arbeitstages erwirtschaften, wenn sie gleichzeitig mehrere Kinder betreuen. Aber sie bekommen dieses Geld nicht, weil man ihre Tätigkeit für eine geringere hält als die einer, sagen wir, Marketingleiterin, die ihr Kind morgens in der Kita absetzt und so durch die Arbeit der Erzieherin Geld verdient. Was soll ich sagen: Ich sehe diese Ungerechtigkeit, aber wenn die Möbelpacker dasselbe verdienen würden wie ich, dann hätte ich mir diesen Einzug nicht leisten können, dann hätte ich doch Freunde bitten müssen, mir ihre Zeit zu schenken. Die Arbeit der Möbelpacker wird also mehr nachgefragt, je schlechter sie bezahlt werden.

Umzüge sind Gewahrwerdungsmomente. Man muss jedes einzelne Objekt, das man besitzt, einmal in die Hand nehmen und bewerten. Und merken, wie relativ alles ist. Meine Küchenstühle zum Beispiel. Hatte ich mir im Sonderangebot gekauft, zusammengeschraubt, sie wahnsinnig schön gefunden und bequem. In *unserer* Wohnung war kein Platz für sie. Die Dinge, über die man sich heute freut, können übermorgen schon Sperrmüll sein.

Als ich etwa fünf Jahre zuvor meine Wohnung in Dortmund ausräumte, um nach München zu ziehen, weil dort die Journalistenschule war, stellte ich eine Kiste mit Sachen auf die Straße, die ich nicht einpacken wollte. Ich hatte ein schlechtes Gewissen deshalb. Ich befürchtete, die Leute könnten sich belästigt fühlen von meiner alten Schreibtischlampe und ein paar Bettbezügen, an denen ein Schild klebte: »Zu verschenken«.

Aber die Kiste war schon nach drei Minuten leer. Eine Frau blieb zwischen meinen Umzugskisten auf dem Bürgersteig stehen, deutete auf den Müll und sagte: »Das wollen Sie nicht mehr?« Ich nickte und ging schnell wieder rein, weil ich es komisch fand, dass da jemand begutachtete, was ich nicht mehr zu brauchen meinte. Als ich wieder aus der Wohnung kam, war die ganze Kiste weg und die Frau auch.

Meine Freunde haben meine Möbel dann weggefahren, von Dortmund nach München, in einem Transporter, den ich gemietet hatte. Der Transporter kostete viel mehr, als meine Möbel alle zusammen wert waren, 180 Euro, plus Sprit. Ich hatte so um die 2000 Euro auf dem Konto, Ersparnisse, übrig geblieben von Stipendien und Honoraren. Das kam mir damals wahnsinnig viel vor. Es reichte für Umzugskosten und Wohnungskaution.

In München angekommen stellten wir alle Möbel und Kisten nebeneinander in ein Zimmer. Um sie auf die Wohnung zu verteilen, wollte ich nicht noch mal jemanden um Hilfe bitten. Weil ich nicht wirken wollte wie so eine, die immer bei allem Hilfe braucht. Ich habe das Bett allein aufgebaut, obwohl auf der IKEA-Aufbauanleitung zwei Personen abgebildet waren. Die Sperrmüll-Massivholzschränke, die ich nicht anheben konnte und auch nicht übers Parkett schleifen durfte, habe ich durch den Flur gekippt, von einer Seite auf die andere, die Türen vorher mit Panzertape fixiert, damit sie nicht aufgehen. Und weil ich den Vermieter nicht nerven wollte beziehungsweise weil ich mich nicht traute, etwas zu sagen, habe ich die Jalousien repariert, die sich nicht mehr in ihrem Kasten einrasten ließen, auf der Fensterbank stehend, mit einem Holzkeil und Spachtelmasse.

Die Wohnung in München hatte keinen Balkon, aber eine breite Fensterbank in der Küche, auf der ich morgens immer die erste Zigarette geraucht habe, in den paar Monaten, in denen ich schon morgens rauchte, weil so viel gleichzeitig passierte, dass ich etwas zum Festhalten brauchte. Das Besteck, das ich besaß, war aus der Kölner Unimensa geklaut, und das Geschirr bestand zur Hälfte aus Einmachgläsern. Einmal saß ich abends mit Freunden in dieser Küche, zu zehnt auf Fensterbank und Klappstühlen. Einer machte einen blöden Kommentar über die Einmachgläser. Hipstermäßig sei das, und warum ich nicht einfach normale Gläser für ein paar Cent kaufen könne. Ich antwortete, dass man für normale Trinkgläser eine Art Verantwortung trage. Während ich die Einmachgläser einfach wegwerfen könne, wenn ich wieder umziehe. Über normale Trinkgläser muss man nachdenken: Finde ich die noch schön? Oder war ich einfach nur pleite, als ich sie gekauft habe? Sind sie es überhaupt wert, in Zeitungspapier eingeschlagen zu werden? Einmachgläser stellen keine Fragen, die kommen einfach in dein Leben, mit Gurken drin, und dann wirfst du sie Monate später in den Altglas-Container.

Genau so habe ich es gemacht. Für den Tag, an dem ich aus München wegzog, mietete ich einen winzigen Laster. Kostete trotzdem wieder viel Geld, 220 Euro, wenn man das Benzin mitrechnet. Das Bett ließ ich für den Nachmieter da, die Einmachgläser warf ich weg. Ich war betrübt, nicht zu Tode, aber betrübt, diese Wohnung zu verlassen, den kleinen Platz davor mit dem Baum, an dem man die Jahreszeiten erkennen konnte, die Bäckerei mit den Brötchen für 90 Cent, das Café, das nur von Donnerstag bis Sonntag geöffnet hatte und in dem die Leute Zeitung lasen, als wäre es ein Sport – ich musste extra gefühllos ausziehen, um damit zurechtzukommen. Eine Zeit lang erzählte ich allen, es wäre mein großer Wunsch, meinen Besitz auf das Kofferraumvolumen eines VW-Golf zu reduzieren. Man kann sich überall wohlfühlen, dachte ich, und überhaupt hängen die meisten Leute zu sehr an Dingen.

Ich hänge auch an Dingen, sogar sehr, aber nur so lange, wie es keinen Aufwand macht. Ich habe die Traurigkeit natürlich gespürt, das erste Möbelstück zurückzulassen, das ich mir von meinem eigenen Geld gekauft habe (IKEA Hemnes Bett in

Braun, damals 180 Euro, die Eltern meines damaligen Freundes hatten mir einen Gutschein geschenkt über 100 Euro), die erste Stadt, in der ich mich zu Hause gefühlt habe. Es ist erlaubt, schlechte Gefühle zu haben. Das weiß ich. Das heißt nur nicht, dass ich mir erlauben würde, aus den schlechten Gefühlen Konsequenzen zu ziehen. Schlechte Gefühle ändern nichts. Denn es ist so: Bei den meisten Sachen kann man sich dafür entscheiden, keine große Sache daraus zu machen. Ab auf den Sperrmüll damit. Habe ich mich jemals wohlgefühlt in Berlin? Nein, natürlich nicht. Habe ich drübergestanden? Eben.

Also, unsere Wohnung. Die Wohnung, die mir so viele Fragen gestellt hat: Welche meiner Sperrmüll-Möbel mir wirklich etwas bedeuten und welche ruhig im Keller verschimmeln können, welche meiner Bücher mir peinlich sind und für welche es sich lohnt, Platz im Regal zu machen. Ich bin mit eingezogen in diese Wohnung, weil wir keine größere, schönere Wohnung finden konnten und meine paar Sachen sich zwischen M.s quetschen ließen. Im Wohnzimmer zum Beispiel standen vor meinem Einzug nur ein Sofa und ein Fernseher.

»Schöne Wohnung«, sagte einer der Möbelpacker, als ich die Kaffeekanne auf den Tisch stellte, er suche seit Monaten, sagte er, aber mit drei Kindern ist es schwierig, eigentlich unmöglich, etwas in Berlin zu finden. Ja, sagte ich, es ist wirklich schlimm. Obwohl das natürlich ein Verschleierungsversuch meinerseits war. Wir suchen nicht auf demselben Wohnungsmarkt, wir haben nicht die gleichen Ansprüche, wir werden uns wahrscheinlich niemals auf einem Besichtigungstermin treffen. Immerhin: Die Umzugshelfer wurden mit diesem Auftrag dank meines Minimalismus deutlich früher fertig als vereinbart. Ich erwischte mich bei dem Gedanken, dass ich von der Frau im Möbelpacker-Sekretariat verarscht worden war – vier Männer und so ein Riesenlaster, für den Umzug einer Einzimmerwohnung?

Die Hälfte des Preises, dachte ich, wäre wohl angemessener gewesen. Woraufhin ich die Rechnung einscannte, um sie von der Steuer absetzen zu können. Vier Männer waren morgens aufgestanden, hatten sich angezogen, die Wohnungen verlassen, in denen ihre Kinder vielleicht gerne mit ihnen gespielt oder gekuschelt hätten, hatten nicht einmal gestöhnt, als sie voll beladen die Treppen vom dritten Stock runtermussten, immer wieder, Bücherkisten in den Händen. Und ich war trotzdem unverschämt genug zu denken, dass ihre Arbeit mein Geld nicht wert sei. Aus Umzügen lernt man viel über sich selbst, wie gesagt.

Als ich das erste Mal in unserem Wohnzimmer saß, habe ich mich wie ein Gast gefühlt in einem Leben, in dem man solche Sofas besitzt und solche Balkonschiebetüren. War ich ja auch. Jetzt ist es meins, sowohl das Sofa als auch das Leben. Und mit dem Sofa war es wie mit der Fußbodenheizung oder dem Fernseher: Niemals hätte ich mir diese Dinge gewünscht oder gar gekauft, für mich. Aber ein halbes Jahr später, wir hatten immer noch ein Immobilienscout-Abo für 29,99€ im Monat, weil wir dachten, die perfekte Wohnung käme vielleicht, stellte ich fest, dass ich alle Wohnungen ohne Fußbodenheizung kategorisch wegwischte.

»Wie im Hotel«, hat meine Mutter gesagt, als sie ein paar Monate später vorbeikam und in unserem Wohnzimmer stand, Blick auf das Sofa, den Balkon dahinter. Ich lachte und erschrak. Genau das hatte ich auch gedacht, als ich zum ersten Mal hier war.

200 EURO
für Falafel

Wir hatten ein bescheuertes Getränk mitgebracht. Wermut, den man mit Sprudelwasser und Zitrone mischen soll. M. hatte sich das von einem Spirituosenhändler in Prenzlauer Berg aufquatschen lassen. Toll für Gäste, sagte der, toll für große Gruppen, weil man es ja nur mit Sprudelwasser mischen muss. Nun standen wir in H.s Küche, und ich füllte Leitungswasser in eine Sodastreamflasche.

»Der Hummus ist gut«, sagte ich, während wir an unserer säuerlichen Wermut-Mischung nippten. Mein Magen würde sich wie ein Moor anfühlen am Ende dieses Abends. H. sagte: »Rate mal, was ich dafür bezahlt habe.« Sie deutete auf die Küchenablage, wo Dessertschüsseln mit Vorspeisen standen, daneben eine Müslischale mit Tomaten-Petersilien-Salat. »Für das hier. Rate mal.«

»80 Euro?«, sagte ich und dachte, dass das schon sehr viel wäre.

»200. Aber sag's keinem.«

Sie erzählte mir, wie es dazu gekommen war. Einen Tag vorher hatte sie angerufen in einem Laden, in dem ein Falafel-Sandwich 6 Euro kostet. Sie hatte gefragt, ob sie Vorspeisenplatten für fünfzehn Personen bestellen könne, für eine Silvesterparty, Salate, Hummus, so was. Der Mann am anderen Ende hatte gesagt: Klar. Es würde etwa 200 Euro kosten. Sie also hin, am 31.12., mit dem Auto, ihr Freund wartete draußen auf dem Fahrersitz, sie ging rein, um das Essen abzuholen. Der Typ hielt ihr einige To-go-Boxen in einer Tüte hin. Diese Styropor-to-go-Boxen, in denen man früher Wiener Schnitzel geliefert bekam, mit zwei Abteilungen, eine fürs Schnitzel, eine für die Pommes. Und er sagte: 200 Euro.

H. wusste genau, dass sie gerade abgezogen wurde. Aber sie wusste auch, dass es extrem unangenehm wäre, zu protestieren. Sie wusste, dass der Falafelverkäufer wiederum wusste, dass sie keinen Aufstand machen würde. Waren ja noch andere Leute in dem Laden. Sie zahlte, ging raus, stieg zu ihrem Freund ins Auto. Er fragte, ob das wirklich alles sei.

»Aber ich kann das nicht, weißt du?«, sagte sie jetzt zu mir. »Ich will nicht die arrogante, blonde Deutsche im arabischen Restaurant sein, die sagt, dass sie sich nicht verarschen lässt. Damit sage ich ja: Euer Essen ist das nicht wert. Total unverschämt. Außerdem: Was hätten wir alle dann jetzt gegessen?«

Ich hätte die 200 Euro auch bezahlt. Wozu ist Geld denn da, wenn nicht dazu, unangenehme Situationen zu überspielen? Wenn man es sich leisten kann, keinen Aufriss zu machen, dann macht man ihn lieber nicht. Wenn man es sich leisten kann, nicht auf Preise zu gucken, dann ist es leichter, einfach zu kaufen, was man essen möchte. Mir hat mal eine Millionärserbin erzählt, dass sie einen vermögenden Onkel hat, der immer palettenweise Joghurtbecher im Sonderangebot kauft. Der auf Millionen sitzt und trotzdem über 9 Cent nachdenkt. Solche Leute würden wahrscheinlich auch im arabischen Restaurant einen Aufstand machen.

In den USA ist es verpönt, sparsam zu sein. Wer auf seinem Geld sitzt, sich davon nichts Schönes kauft, nicht spendet, der gilt nicht als vorbildlich und genügsam, sondern als geizig und ein bisschen blöd. Es ist respektabel, im Reichtum zu leben, jedoch inakzeptabel, im Reichtum zu sterben. Natürlich gibt es auch in den USA große Erbschaften und eine ungleiche Vermögensverteilung. Aber dieses piefige Sparertum, bei dem man nach seinem Tod mehrere Millionen an die nächste Generation weitergibt, während man sein Leben lang die gleiche Tischdecke benutzt hat, so was gebe es dort nicht, schreibt der Wirtschaftswissenschaftler Marcel Fratzscher.[7] Er findet das logischer als die Haltung der Deutschen. Denn wenn reiche Leute Geld ausgeben, dann sei es wenigstens im Umlauf, dann könne sich jemand anderes etwas davon kaufen, quasi Wertschöpfung betreiben, bevor das Geld auf verschlungenen Wegen wieder bei jemandem landet, der reich ist, Aktien besitzt, Trinkwasser verkauft, Wohnungen vermietet, so was. Vielleicht hätte ich H. das sagen sollen, damit sie sich besser fühlt. Dass die Mitarbeiter des Falafelladens ihre 200 Euro mit Sicherheit ausgeben werden, wodurch sie immerhin etwas für die Weltwirtschaft getan hat und wodurch das Geld eventuell sogar zu ihr zurückkehren wird, im übertragenen Sinn.

Außer H. und ihrem Freund kannte ich niemanden von den Leuten, die um das 200-Euro-Hummus-Buffet standen. M. schaffte es, recht schnell in das Gespräch einer Gruppe von Männern verwickelt zu werden und dabei sehr intensiv zu gucken. In wenigen Stunden schon würde er nicht mehr wissen, worum es gegangen war, aber er hat diesen verständnisvollen Blick, weswegen die Leute immer schnell Vertrauen zu ihm fassen. »Hast du Zigaretten?«, fragte ich leise, er griff in die Tasche seines Sakkos und reichte mir eine Schachtel Marlboro Gold.

Bevor ich auf den Balkon ging, musste ich meine Schuhe holen. Ich zog sie erst draußen an. Um das Parkett nicht kaputtzumachen. Würde ich von meinen Gästen auch so erwarten.

Mir war lange nicht klar, dass es andere Fußböden gibt als dieses hellgrau gepunktete PVC, auch Vinyl genannt, über das sich Teppich, Linoleum mit Fliesenmuster oder Klicklaminat legen lässt. Ich dachte, dass die meisten Menschen als Grundlage ihrer Existenz hellgrau gepunktetes PVC haben, auf das sie andere Böden drauflegen. Beziehungsweise: über das sie was anderes drüberkleben. Ich dachte, hellgrau gepunktetes PVC wäre notwendig, um Häuser zusammenzuhalten. Ich wusste nicht, dass hellgrau gepunktetes PVC für 50er-Jahre-Sozialbauten steht.

Etwa von 1940 bis in die 80er-Jahre wurden Vinylböden fast überall verbaut, wo es billig und robust sein sollte, oft in Form der sogenannten Vinyl-Asbest-Platte, bei der unter dem Plastik eine dünne Schicht Asbest liegt. Geht die obere Schicht kaputt, kann die untere Schicht dafür sorgen, dass die Menschen, die auf dem Boden leben, Krebs bekommen. Dass Asbest gesundheitsschädlich ist, wusste man schon sehr früh. Bereits 1918 schlossen Versicherungen in den USA keine Lebensversicherungen mehr für Menschen ab, die mit Asbest arbeiteten.[8] 1936 waren Asbest-Erkrankungen in Deutschland anerkannte Berufskrankheiten.[9] Trotzdem gab es ein generelles Verbot von Asbest innerhalb der EU erst im Jahr 2005[10] – in Schweden bereits 1975[11]. Das liegt hauptsächlich daran, dass die Asbest-Industrie die schädliche Wirkung der Stoffe leugnete und verharmlosende Studien verbreitete.[12] Noch 2017 starben 1500 Menschen in Deutschland an Asbestfolgen.[13] Weil der Krebs erst mit einer Latenzzeit von 10 bis 15 Jahren auftritt, ist es quasi unmöglich, die Unternehmen von damals auf Schadensersatz zu verklagen oder den Krebs als Berufskrankheit anerkennen zu lassen. Schadensersatzansprüche verjähren nämlich nach zehn Jahren, und bei Berufskrankheiten wird die Hälfte aller Anträge abgelehnt.

Einer der ersten, die ein Patent auf Asbestfasern anmeldeten, war der Österreicher Ludwig Hatschek. Er gründete die Eternit GmbH, die nach seinem Tod 1914 von seinem Sohn Hans Hatschek weitergeführt wurde.

Für die Eternit GmbH wurde die Kriegswirtschaft im Zweiten Weltkrieg ein profitabler Absatzmarkt. Hans Hatschek schloss mit den Nazis einen »Bestandsvertrag« ab, in dem unter anderem festgehalten wurde, dass in einem Steinbruch der Firma eine Erdölraffinerie errichtet werden sollte. Außerdem lieferte Hans Hatschek Platten für Baracken und Rohre für Luftschutzbauten. 1945 waren 20 Prozent der Gesamtbelegschaft Kriegsgefangene und russische Zivilarbeiter. Trotzdem bekam Hatschek nach dem Krieg 1,5 Millionen Mark Entschädigung, um die zerstörten Teile seines Unternehmens wieder aufzubauen. Die Eternit GmbH existiert heute noch, auf ihrer Website steht über die Kriegsjahre: »1936–1939: Anschaffung zahlreicher Anlagen, Ausbau und Erweiterung der Rohrfabrik. In der Folge höchster Mitarbeiterstand (840) seit Bestehen des Stammwerkes.«

Wenn der Vinyl-Asbest-Boden intakt ist und folglich kein Asbest in die Raumluft gelangen kann, muss man eigentlich nichts tun. Die Verbraucherzentrale NRW empfiehlt allerdings, kleine Kinder nicht auf Vinylböden großzuziehen, unabhängig vom Asbest. In einer Öko-Test-Studie aus dem Jahr 2017 fand man in acht von zwölf Vinylbodenbelägen den Weichmacher DINP, der in Kinderspielzeug verboten ist, weil er hormonelle Auswirkungen hat, die Hoden schädigt und die Spermienanzahl verringert. Weichmacher sind im Plastik nicht fest gebunden, sondern dünsten mit der Zeit aus, das Plastik wird porös, Menschen atmen die Weichmacher ein, Kinder lecken sie vom Boden auf, so ist es nun mal. Bodenbeläge sind Bodenbeläge, gesellschaftliche Realitäten sind gesellschaftliche Realitäten. Ich habe mich weitestgehend damit abgefunden, dass Unternehmer an dem Umstand Geld verdient haben, dass ich als Kind ordentlich Vinyl geleckt haben muss. Und dass ich dadurch Schaden genommen haben könnte, wie so viele andere auch: Menschen, deren Vorfahren nicht durch Unternehmertum finanziell vom Zweiten Weltkrieg profitiert haben, Menschen also, die weniger Geld haben. Sie leben kürzer und ungesünder. Im Schnitt haben sie zehn gesunde Lebensjahre weniger als reiche Menschen. Alle wissen das, und trotzdem schreit niemand.

Um Mitternacht standen wir auf dem Balkon und hielten Wunderkerzen. Berlin böllerte. Die Luft draußen roch nach Raketenabgasen. Als um halb eins der Zauber des Jahreswechsels vorbei war, gingen wir rein, manche tanzten. In der Küche stand noch etwas von dem Essen, das H. besorgt hatte. Einer von den Männern, mit denen sich M. unterhalten und dessen Namen er bereits jetzt wieder vergessen hatte, fragte ihn, ob er ihm noch so ein Getränk zubereiten könne. Die Flasche war leider schon leer.

Als wir um halb vier mit einem Carsharing-Auto durch den Nebel nach Hause fuhren, erzählte ich M. die Falafelgeschichte. Er sagte, er habe gar nichts gegessen.

5 EURO
für ein Glas Wein

Ich war müde und leicht verkatert vom Tag davor. Wir saßen in der nächstgelegenen Bar, auf weiß lackierten Bierbankgarnituren. »Ich bin in Rotweinstimmung«, sagte ich zu M., obwohl es gar nicht zur Temperatur passte, wer trinkt schon Rotwein bei 30 Grad. Auf der Karte stand:

Rotwein   5 €
Weißwein 5 €
Rosé   5 €

»Vielleicht«, sagte ich, »nehme ich doch was anderes.« Und als M. fragte, wo meine Rotweinstimmung hin sei, antwortete ich: »Na ja, Rotwein für 5 Euro, ich weiß ja nicht«, legte die Karte weg, schaute skeptisch.

Es ist mir ein bisschen peinlich, das zu erzählen. Erst als M. über mich lachte, hörte ich meine eigenen Worte widerhallen. Was für ein Snob-Satz.

Ich bin am Ziel. Ich wollte immer ein Netz haben, auf das ich fallen kann, so wie andere Leute auf ihre wohlhabenden Eltern zurückfallen können. Ich bin mein eigenes Netz. Ich kann mir selbst helfen. Ich habe Ersparnisse, ich kann Geschenke kaufen, ich kann Sorgen wegkaufen. Das war die Idee. Das war es, was ich immer wollte. Aber dann redet man halt auf einmal so! Man denkt, 5 Euro wären zu wenig für ein Glas Rotwein. Was für eine idiotische Annahme! Und doch ist sie meine. Irgendwie meine ich sie sogar ernst. Es macht keine Freude, schlechten Rotwein zu trinken. Schlechter Gin Tonic ist okay, schlechtes Wodka Soda überhaupt kein Problem. Schlechten Wermut kann man immer noch in Negroni mischen. Aber schlechter Rotwein? Dafür hat die Sonne die Trauben nicht wachsen lassen, und dafür will ich ganz sicher nicht einmal 5 Euro ausgeben.

Wobei, das ist es ja: Ich gehe inzwischen davon aus, dass Dinge, die wenig kosten, automatisch schlechter sind. Obwohl ich weiß, dass das nicht so ist. Ich habe als Teenager viele Nachmittagssendungen mit Produkttests gesehen, und meistens waren die mittelpreisigen oder billigen Produkte die besten. Die teuersten waren eher Dekoration eines Lebensstils. Das beste Olivenöl ist von Lidl, die beste Zahnpasta kostet 60 Cent bei dm. Ist mein Verlangen nach den teureren Produkten ein Symptom des »Aufstiegs«, von dem alle träumen?

Je mehr Geld man hat, desto mehr kriegt man geschenkt. Hat meine Mutter mir mal gesagt, als ich eigentlich noch viel zu klein war, um so große Wahrheiten zu verstehen. Aber der Satz ist mir im Kopf geblieben, weil er so verrückt klang, dass er stimmen musste. Und er stimmt.

Die Theorie bestätigte sich, als ich mit 18 im Büro eines Ressortchefs der *Welt am Sonntag* saß. Jeden Tag kamen bei ihm Pakete an, mit Weinflaschen, Büchern, alles in hübschen Verpackungen. Er sah diese Dinge mit einem ausdruckslosen Blick an und stellte sie in eine Ecke des Büros. Er tat das immer, wenn die Redakteure und ich, die Praktikantin, beim Mittagessen in seinem Büro versammelt waren. Ich hatte meistens eine Tupperdose dabei, mit belegten Broten, weil das Mittagessen im Restaurant nebenan 8 Euro kostete, das Praktikum allerdings unbezahlt war. Jedes Mal, wenn der Ressortleiter eine Flasche Wein und eine Tafel Schokolade wieder in irgendeine Ecke stellte, naserümpfend, oder sie auf seinem Schreibtisch liegen ließ, unbeeindruckt, fragte ich mich, warum er diese Dinge nicht einfach verschenkte. An die Kollegen, die offensichtlich nicht andauernd Wein zugeschickt bekamen. Oder an die Assistentinnen. Oder die Volontärinnen, die drei Türen weiter saßen. Er behielt alles für sich, obwohl er es nicht mochte.

Wer kein Geld hat, bekommt nichts geschenkt, muss aber für alles extra bezahlen. Sogar bei den Tafeln, wo abgelaufenes Essen weggegeben wird, Essen, das sich die armen Menschen nicht aussuchen können, sogar dort muss man einen kleinen Betrag bezahlen, 1 Euro, 50 Cent. Damit die Leute es »wirklich wertschätzen«, damit sie sich nicht aus Langeweile in die Schlange stellen. Wenn 1 Euro eine Hürde ist, dann sollte es diese Hürde nicht geben. Wenn es Menschen gibt, für die 1 Euro einen Unterschied macht, dann sollte man ihnen den nicht wegnehmen, sondern ihnen stattdessen 10 Euro in die Hand drücken.

Es gibt auch Schultoiletten, wo die Kinder 10 Cent zahlen müssen, um reinzukommen – ebenfalls, damit sie lernen, den Ort wertzuschätzen. Wer für etwas bezahlt, so der Gedanke, selbst wenn es nur ein geringer Betrag ist, der wird demütig. Ein interessanter Gedanke vor dem Hintergrund, dass jeder Verbraucher in Deutschland im Schnitt 78 Kilo Lebensmittel im Jahr wegwirft. Nicht alles, was man kauft, schätzt man automatisch – zumindest, wenn man es sich leisten kann, es neu zu kaufen. Deshalb ist auch politische Regulierung über Preise (Tabaksteuern gehören genauso dazu wie CO_2-Preise) immer ungerecht. Weil diejenigen mit viel Geld sie gar nicht bemerken. Vielleicht, nur so ein Gedanke, behandeln Menschen mit Geld die Welt oft so schlecht, weil sie zu wenig für sie bezahlen müssen. Wenn man sich alles kaufen kann, wenn einem alles zu Füßen liegt, dann wirkt nichts mehr schützenswert.

»Bei uns überwiegt die Idee, dass man kämpfen muss, um zu überleben, jeden Tag neue Vorteile erringen muss, um nicht diejenigen zu verlieren, die man erworben zu haben glaubte«, schreibt Lévi-Strauss in seinem Essayband *Wir sind alle Kannibalen*. Wir unterscheiden, so erklärt er es, zwischen unserer westlichen, fortschrittlichen Geldökonomie und sogenannten primitiven Gesellschaften, weil die »primitiven« Gesellschaften keine Veränderung anstreben; sie wollen in dem Zustand verharren, in dem sie sich befinden, mit einem unveränderten Lebensstandard. Dabei sind diese Gesellschaften genauso alt wie unsere, sie haben eine ebenso lange Geschichte; der Begriff »primitiv« ergibt also keinen Sinn.[14] Dass das Nicht-Entwickeln und das Nicht-Verändern eine bewusste Entscheidung sein kann, passt nicht zur Ideologie des Erarbeitens und Erwerbens und schon gar nicht in unser Wirtschaftssystem, dessen Erfolg auf Wachstum basiert. Vom Individuum wird in der sozialen Marktwirtschaft erwartet, dass es sich verändert. Jeder soll immer besser werden, immer mehr verdienen.

Der Rotwein für 5 Euro, der mir vor zwei Jahren geschmeckt hat, sollte mir folglich heute nicht mehr schmecken. Wenn er mir schmecken würde, würde das bedeuten, dass ich meine errungenen Vorteile nicht nutzte. Und dadurch riskierte, sie zu verlieren. Ich gebe also unnötig Geld für teuren Rotwein aus, um in mir den Glauben zu erhalten, dass die Menge meines Geldes immer weiter anwachsen wird. Das ergibt keinen Sinn, aber man kann es erklären.

Alles in unserer Volkswirtschaft ist auf Wachstum ausgerichtet. Wachstum bedeutet das Gegenteil von Umverteilung. Wenn alles immer mehr wird, dann muss niemand etwas abgeben. Es muss immer mehr Produkte geben, immer mehr Innovationen. Damit immer mehr Geld in Umlauf kommt, das hin und her gereicht wird, für immer mehr Produkte. Geld entsteht, vereinfacht gesagt, durch Investitionen. Jemand nimmt einen Kredit bei einer Bank auf, um damit etwas Neues herzustellen, ein Haus zu bauen, ein Unternehmen zu gründen. Von dort findet das Geld seinen Weg durch die Portemonnaies; die Architektin, die das Haus baut, besucht ein Restaurant, und der Mann, der im Restaurant bedient, kauft sich einen neuen Anorak. Alles wird immer mehr. Ein Ende des Wachstums, eine Rezession, bedeutet immer willkürliches Leid. In einer Rezession wird alles weniger; es gibt weniger Investitionen, weshalb weniger Leute in Restaurants gehen, weshalb weniger Kleidung gekauft wird, weshalb der Kassierer bei H&M arbeitslos wird. Je weniger Geld im Umlauf ist, desto negativer blicken Gesellschaften in die Zukunft. Ein wertvolles, wertschöpfendes Mitglied der Volkswirtschaft würde also auf gar keinen Fall ein Ende des Wachstums fordern. Es strebt eher nach permanenter Verteuerung und Verbesserung der Dinge um sich herum. Wir wollen das Wachstum nicht nur erarbeiten, wir wollen das Wachstum sein.

Ich finde jeden Versuch ehrenwert, sich aus dieser Misere heraus zu reflektieren. Der Philosoph Peter Singer etwa begründete die Bewegung des Effektiven Altruismus. Effektive Altruisten glauben daran, dass ein Menschenleben im globalen Süden durch etwa 4000 Dollar gerettet werden kann. Was in der Schlussfolgerung bedeutet: 4000 Dollar zu besitzen und sie nicht zu spenden ist das Gleiche, wie jemanden mutwillig sterben zu lassen. Singers Grundthese lautet: Wer in der westlichen Welt Geld besitzt und dabei zusieht, wie an anderen Orten auf dem Planeten Menschen an Geldmangel sterben, ist der unterlassenen Hilfeleistung ebenso schuldig wie jemand, der einen Menschen vor der eigenen Haustür verhungern sieht. Denn warum sollte ein Menschenleben in den USA oder in Deutschland mehr wert sein als ein Menschenleben im Jemen? Das

Richtige zu tun bedeutet demnach, unemotional zu sein. Die zwei Euro, die man einem Obdachlosen in Europa in die Hand drückt, könnten woanders eine Familie vor einer Malariaerkrankung schützen. Ein prominenter Vertreter der Bewegung, William MacAskill, gibt deshalb im Jahr selbst maximal 26 000 Dollar aus, den Rest spendet er.[15] Effektive Altruisten leben nach dem Prinzip »Verdienen, um zu geben«. Anstatt als Arzt in einem armen Land zu arbeiten, arbeiten sie als Investmentbanker und spenden das Geld, das sie dabei verdienen, in arme Länder.

Eine Reihe Fragen, auf die ich keine Antworten habe: Wenn man nie verschwenderisch ist, sich selbst völlig zurücknimmt, arbeitet man dann an der Verbesserung der Welt oder an der eigenen Zermarterung? Ist das dasselbe? »Wohltätigkeit ist das Ersaufen des Rechts im Mistloch der Gnade«, soll Johann Heinrich Pestalozzi mal gesagt haben.[16] Er meinte damit, dass man die Verhältnisse ändern muss, anstatt Almosen zu verteilen. Wäre es also besser, wenn ich Rotwein für 5 Euro trinke und 5 Euro spende, als wenn ich Rotwein für 10 Euro trinke? Wie viel Geld ist eigenes Wohlbefinden wert? Ist es überhaupt gerechtfertigt, Wein zu trinken? Kann Wein die Verhältnisse ändern? Können 5 Euro die Verhältnisse ändern? Sollte ich nicht lieber alles tun, um zu gewährleisten, dass es mir gut geht, damit ich weiter über schlechte Verhältnisse schreiben kann und damit ganz vielleicht einen Diskurs beeinflusse, der diese Verhältnisse ändert? Warum spüre ich den Konflikt zwischen den 5 Euro, die ich besitze, und den 5 Euro, die anderen Menschen fehlen, während andere Leute diesen Konflikt einfach ausblenden können?

Ich sitze in meinem Büro, während ich dieses Kapitel schreibe, spät am Abend. Vor ein paar Minuten kam eine Frau rein, die meinen Müll ausgeleert hat. Ich schrieb, sie leerte den Müll, wir arbeiteten beide. Als sie hereinkam und fragte, ob es Müll mitzunehmen gebe, habe ich mich bedankt. Als sie rausging, bedankte sie sich.

Die Effektiven Altruisten haben sich irgendwann in verschiedene Strömungen unterteilt. Einige fanden, dass zeitliche Entfernung genauso irrelevant sein sollte wie räumliche Entfernung. Dass es wichtiger sei, mit dem Geld, das man hat, eine Million Leben in der Zukunft zu retten (etwa durch Investitionen in Asteroidenforschung) als vierzigtausend Leben in der Gegenwart (etwa durch Mückennetze in Malariagegenden). Wieder andere waren der Meinung, dass es sich lohne, in sich selbst und das eigene Wohlbefinden, die eigenen Netzwerke zu investieren, um eine bessere Denkerin zu werden, besser darin, die Zahl der geretteten Menschenleben zu kalkulieren. Oder noch mehr Geld zu verdienen.[17] Am Ende, so sagt es William MacAskill in einem Text, der im *New Yorker* erschienen ist, könne man sich wohl darauf einigen, dass es gut ist, zehn Prozent vom eigenen Einkommen herzugeben. Der Zehnte, das ist ein alter religiöser Brauch. Bei den Mormonen und in freien Kirchen ist er weiterhin Pflicht. Ob man die zehn Prozent vom Brutto-Einkommen oder vom Netto-Einkommen nimmt, darüber sind sich die Gelehrten nicht ganz einig.

Ich habe einen romantischen Aberglauben, was diese Dinge angeht. Nämlich, dass alles zu einem zurückkommt. »Karma is my boyfriend«, singt Taylor Swift, Karma ist ein beruhigender Gedanke, auch wenn dieser Wunderglaube wahrscheinlich statistisch nicht haltbar ist. Viele Menschen leiden ihr ganzes Leben lang und werden dafür nie entschädigt. Aber ich fahre ganz gut damit. Wenn ich einen miesen Tag habe, achte ich darauf, den Leuten, die in der Tram nach Kleingeld fragen, besonders viel zu geben. Ich kaufe dann jede Straßenzeitung und gebe beim Mittagessen mehr Trinkgeld als normal. Das ist total zynisch, denn ich erwarte natürlich eine Gegenleistung. Ich erwarte, dass das Universum mich belohnt für meine Wohltaten. Wenn es mir gut geht, bin ich weniger großzügig.

Ich kann mich auch nicht dazu überwinden, zehn Prozent meines Einkommens zu spenden. Wenn man Geld für andere ausgibt, dann fühlt es sich nach viel mehr an, als wenn man es für sich selbst ausgibt. Ich habe Angst davor, das Geld eines Tages zu vermissen. In eine Notsituation zu geraten, mir etwas nicht leisten zu können. Und dann zu denken: Hättest du mal vor drei Jahren nicht 20 Euro an diesen und jenen Zweck gespendet. Das ist ein unsinniger Gedanke, aber er ist eben da.

Zumindest um Rotwein müsste ich mir auch in finanziell schlechteren Zeiten keine Sorgen machen. Ich habe den Wein für 5 Euro dann nämlich doch bestellt. War voll okay.

80 EURO
für eine Kahnfahrt

Es muss ein Hostel-Zimmer gewesen sein oder ein billiges Hotel, und wir waren nur auf der Durchreise. Jahre her. Als wir morgens aufgestanden waren und das Zimmer verlassen wollten, sagte ich, dass wir noch schnell die Betten abziehen könnten. Meine Begleitung fand das albern. Warum, sagte er, sollten wir das tun? Es wäre doch völlig in Ordnung, wenn das die Leute täten, die dafür bezahlt werden. Ich sagte, dass es für uns überhaupt kein Problem sei, die Betten abzuziehen. Eine nette Geste. Warum sollte es jemand anders tun müssen, wenn wir es auch tun könnten? Ich zog also die Bezüge ab, legte sie auf einen Stapel, und die benutzten Handtücher obendrauf. Meine Begleitung war total entnervt. So eine angewiderte Entnervtheit, wenn jemand, der einem nahesteht, etwas tut, was einem peinlich ist.

Geld, so wurde es mir als Kind erklärt, so erklärt es die »Sendung mit der Maus«, so erklären es Schulbücher, soll aus Tauschhandel entstanden sein. Die Menschen waren es leid, untereinander kompliziert Waren hin und her zu tauschen – deshalb erfanden sie Geld, und Geld machte alles weniger kompliziert, denn man konnte es heute für ein paar Schuhe ausgeben und morgen dafür, dass jemand einem die Bettwäsche abzieht. Niemand kann sagen, was ein Geldschein schon alles erlebt hat. Aber jeder weiß, dass er an zig Orten für zig Dinge gestanden haben muss und dabei durch zig Hände und zig Portemonnaies gewandert ist. Das Leben musste, so geht die

Erklärung weiter, vor der Erfindung des Geldes sehr anstrengend gewesen sein: Andauernd war man unterwegs, um etwas Eingetauschtes gegen etwas einzutauschen, das man schließlich gegen das eintauschen konnte, was man eigentlich hatte haben wollen. Wir hätten vielleicht eine Ziege mit ins Hotel bringen müssen. Wobei – wenn wir die Betten selbst abgezogen hätten, dann hätte vielleicht auch ein großes Stück Ziegenkäse gereicht.

Das Prinzip Dienstleistung ist in Wirklichkeit ein bisschen gruselig. Man bezahlt Menschen dafür, etwas zu tun, das sich nach einer freundschaftlichen Handlung anfühlt. Viele meiner Freundinnen etwa gehen zur Kosmetikerin. Also zu einer Frau, die ihnen die Pickel ausdrückt, gegen Geld. Oder ins Nagelstudio, wo sie dafür Geld bezahlen, dass jemand ihnen die Nagelhaut wegschneidet. Das sind Situationen, wo ich denke, dass ich wahnsinnig werden würde dabei. Weil ich mich die ganze Zeit fragen würde, ob es den Frauen, die diese Dinge an mir tun, dabei gut geht. Ob ich mich anders hinsetzen sollte, ob ich eine einfache Kundin bin, ob sie mich doof finden, oder meine Haut und meine Style-Entscheidungen. Ich fühle mich den Menschen, die Dienstleistungen an mir erbringen, immer auf eine komische Weise unterlegen. Weil ich denke, dass auch die größte Summe Geld nicht rechtfertigen kann, dass jemand meine Hautunreinheiten anfasst.

Genau wie die meisten Kinder irgendwann sitzen und laufen lernen, ohne dass man es ihnen aktiv beibringen müsste, lernen die meisten Gesellschaften das Erwerben. So lautet die Theorie. Die Gesellschaften werden zunächst Agrargesellschaften, dann Industriegesellschaften, dann Dienstleistungsgesellschaften. Diese Erzählung nennt sich Drei-Sektoren-Hypothese, sie wurde in den 1930er- und 1940er-Jahren von Wirtschaftswissenschaftlern entwickelt[18] und hilft vor allem denen, die in der demokratisch eingehegten Marktwirtschaft gewinnen und besonders viel Geld anhäufen. Denn ihr Erfolg wird dadurch zu etwas Natürlichem.

Tatsächlich ist das Zusammenwirken von Demokratie und Kapitalismus nur ein sehr kleiner Ausschnitt der Geschichte der Menschheit und ein umso kleinerer Ausschnitt der Geschichte der Welt. Im 18. Jahrhundert gingen die meisten Denker davon aus, dass dieses Zusammenwirken scheitern würde. Der Philosoph Adam Smith etwa argumentierte, dass die Akkumulation von Wohlstand im Kapitalismus logischerweise dazu führe, dass es »für jeden reichen Mann mindestens fünfhundert Arme« geben müsse. Weshalb er vermutete, dass die Einführung von Demokratie und damit die Möglichkeit der Mehrheit, über Gesetze zu bestimmen und Machthaber zu wählen, zu einer schnellen Entmachtung der Reichen führen würde.[19] Die Reichen würden enteignet werden, wenn die Massen wählen dürften. Das prognostizierten zu Smiths Zeit sowohl Liberale als auch Konservative als auch Sozialisten. Sie vermuteten, dass die Mehrheit der Menschen es nicht lange für plausibel halten würde, dass manche Leute die Betten machen, während andere das Hotel besitzen.

Ein Soziologe glaubte daran, dass Demokratie und Kapitalismus sich gut vertragen könnten: der Franzose Alexis de Tocqueville, der in den 1830er-Jahren nach Nordamerika reiste. Er beschrieb, dass sowohl der Kapitalismus als auch die Demokratie nach Modernisierung und Fortschritt strebten, sodass das Zusammenspiel beider letztlich dafür sorgen könnte, dass alle Menschen ein besseres Leben hätten. Diese Theorie setzte sich durch. Im Oxford Dictionary aus dem Jahr 2003 steht im Eintrag für »Kapitalismus«, die Kombination von Demokratie und Kapitalismus sei so erfolgreich, dass sie das Modell dessen wurde, was die meisten Staaten erreichen wollen.[20]

Wir sind in ein Spa-Hotel in der Nähe von Berlin gefahren, M. und ich, im Winter. Nicht um meine Angst vor Dienstleistungen zu überwinden, sondern weil unser eigentlicher Urlaub geplatzt war. Vor der Anreise schickte uns das Hotel einen Link zum »Spa-Menü«, mit der Bitte, im Voraus Behandlungen zu reservieren.

Ich bin, das können Sie sich wahrscheinlich denken, kein großer Fan von Massagen. Einmal war ich in Berlin bei einer Massage, und in der Kabine neben mir hörte ich einen Masseur zu einer anderen Masseurin über einen Kunden sagen, er lasse sich »gut massieren«. Damals habe ich mich nicht getraut zu fragen, was er damit meinte. Seitdem denke ich bei Massagen immer darüber nach, ob ich jemand bin, der sich gut massieren lässt. Liege ich richtig? Gebe ich genug Feedback? Gibt es etwas, was ich für den Masseur tun kann, damit er eine gute Zeit hat? Aber das »Spa-Menü« und die Bitte des Hotels, man solle reservieren, führten dazu, dass ich mir äußerst pflichtbewusst zwei Massagen heraussuchte, die ich nicht machen wollte.

Es waren anstrengende Tage im Spa-Hotel. Ich hatte viel damit zu tun, alles richtig zu machen. Darüber nachzudenken, wann und wo man den Bademantel anzieht, bevor man in den Spa-Bereich geht. Die anderen Leute im Spa-Bereich nicht zu stören. Das unangenehme Gefühl des Dienstleistungsempfangens abzumildern. Die Fußmasseurin etwa habe ich 25 Minuten lang interviewt; zu den Produkten, die sie verwendete, zu ihren Arbeitsbedingungen und denen ihrer Kolleginnen. Sie seien, erzählte sie mir, alle fest angestellt, zwar in Teilzeit, das aber auf eigenen Wunsch und nicht, weil man ihnen keine Vollzeitjobs angeboten hätte. Sie könne gut von dem Lohn leben, sagte sie, zumal das Leben in der Gegend nicht teuer sei. Wenn ich das jetzt so aufschreibe, frage ich mich, was eigenartiger ist: sich die Füße massieren zu lassen – oder sich die Füße massie-

ren zu lassen und gleichzeitig die Masseurin zu ihren Arbeitsbedingungen zu befragen.

Die Industrie, sagt man, der Drei-Sektoren-Hypothese fol-
gend, hat uns den Wohlstand gebracht, auf dem die Dienstleis-
tungsgesellschaft aufgebaut wurde. Ohne die Industrie wäre
Deutschland nicht, was es ist. Ohne die Industrie gäbe es heute
keine dreifach isolierten Fenster, keine Sauna-Aufgüsse, keine
Boxspringbetten. Alle Dinge, die angenehm sind, haben die Industrie als Grundlage. Der Arbeiter, der in den Schacht einfuhr
oder im Stahlwerk schuftete, ist deshalb eine ikonische Figur.
Das Geld, das er für seine Arbeit bekam, verhalf ihm zu be-
scheidenem Wohlstand, es war sein Anteil an der prosperieren-
den Wirtschaft.

Dass so gut wie alle Industriearbeiter zu Hause Frauen hatten,
die ihre Kinder, einen Garten und Tiere pflegten, Gemüse ein-
kochten, schlachteten, um die Familie zu versorgen, die außerdem unbezahlt Dienstleistungen für die Firmen erledigten,
weil sie die Arbeitskleidung wuschen und flickten, wird in den
Geschichten über die Industrialisierung selten erwähnt, und
wenn, dann als Randnotiz. Es gibt kaum eigene Forschung darüber, kaum Geschichtsschreibung, die sich mit den Frauen be-
fasst. Dabei war die Industrie abhängig von diesen Tätigkeiten.
Ohne die Landwirtschaft der Frauen wären die Arbeiter nicht
arbeitsfähig gewesen, denn sie hätten Hunger gehabt. Und ohne
die Dienstleistungen der Frauen wäre ihre Kleidung zerrissen
gewesen. Diese Tätigkeiten wurden nur eben nicht bezahlt.
Weshalb sie unerwähnt bleiben, wenn wir über das industrielle
Zeitalter sprechen. Erst wenn eine Dienstleistung mit Geld entlohnt wird, zählt sie als Wirtschaftsfaktor.

Wir blieben vier Nächte in dem Hotel. Draußen war es so
kalt, dass wir unsere dicksten Jacken tragen mussten und mor-

gens zum Joggen drei Schichten. Am ersten Morgen sahen wir draußen ein Schild: Kahnabfahrten um 11, 12 und 13 Uhr. Anmeldung an der Rezeption. Das Hotel lag an einem kleinen Flussarm und hinter der zugefrorenen Wiese lag ein Steg, von dem aus im Sommer mit Sicherheit andauernd Kähne abfuhren, im Winter eben nur dieser eine, dreimal am Tag. Wir fragten an der Rezeption, ob wir uns anmelden könnten, für die Kahnfahrt um 13 Uhr. Die Mitarbeiterin sagte, dass der Kahn erst ab vier Gästen losfahren könne, sonst lohne es sich nicht, denn die Fahrt koste 20 Euro pro Person, und das Kahnpersonal wolle mindestens 80 Euro einnehmen. Es habe sich noch niemand außer uns angemeldet, den meisten sei es wohl zu kalt.

Am zweiten Tag konnten wir nicht an der Kahnfahrt teilnehmen, weil wir Spa-Behandlungen hatten.

Am dritten Tag war unsere letzte Kahnfahrtchance. »Gehen Sie einfach zur Anlegestelle«, sagte die Mitarbeiterin wieder. Im Hotel habe sich niemand angemeldet, aber vielleicht gäbe es ja Tagestouristen.

An der Anlegestelle warteten um 11 Uhr eine Frau mit dunkelroten Haaren und ein Mann mit Schiebermütze. Die Frau, verstand ich, war die Kapitänin. Der Mann leider kein weiterer Fahrgast, sondern ein Freund von ihr. »Vielleicht warten wir noch fünf Minuten«, sagte sie, doch um 11.05 Uhr waren keine weiteren Menschen gekommen. »Wir versuchen es um 12 noch mal«, sagte sie. »Wir werden da sein!«, sagte M.

Auch um 12 Uhr kam niemand außer uns.

Um 13.05 Uhr war sie bereit, uns einen guten Preis zu machen für eine private Kahnfahrt. 60 Euro, plus jeweils 5 Euro für Glühwein, den sie selbst gemacht und in einer Thermoskanne mitgebracht hatte. Ich wollte zu dem Zeitpunkt so dringend Kahn fahren, dass ich auch 100 Euro bezahlt hätte. Wir ersetzten also die fehlenden Personen im Kahn mit einem 20-Euro-Schein.

Manche Ökonomen argumentieren, dass Regierungen weniger darüber nachdenken sollten, was man finanzieren kann, und mehr darüber, was man finanzieren sollte. Denn es gibt ja ein paar gesellschaftliche Ziele, auf die sich alle einigen können; renovierte, saubere Schulen zum Beispiel. Oft kommt dann der Einwand, dass für die Renovierung und das Reinigen der Schulen kein Geld da sei. Worauf die Ökonomen antworten: Das ist im Prinzip Quatsch. Wenn es genug Handwerkerinnen gibt, die die Schulen renovieren würden, und wenn es das Material, die Farbe, die Dämmwolle gibt, um die Schulen zu renovieren, dann sollte Geld nicht das Problem sein. Geld ist ja nur ausgedacht. Zentralbanken entscheiden, wie schnell es herumgereicht wird, indem sie Zinsen senken oder anheben.

Früher war das anders, da bestand Geld wirklich aus knappen Dingen, aus Edelmetallen etwa. Goldmünzen konnte man nicht einfach prägen, erst brauchte man das Gold. Aber dann erfand die Bank of England den Geldschein. Die Engländer tauschten ihre Goldmünzen gegen Scheine, die an sich wertlos waren. Die Bank druckte daraufhin einfach immer mehr Scheine, auch ohne Gold einzusammeln, wodurch immer mehr Geld im Umlauf war. Im März 1696 betrug der Wert der Scheine im Vereinigten Königreich 2,767 Millionen Pfund – Edelmetall hingegen hatte die Bank nur im Wert von 258 000 Pfund.[21] Das führte nicht zu totalem Chaos. Sondern dazu, dass immer mehr Dinge möglich wurden. Je mehr Geld es gab, desto mehr Arbeit gab es, desto mehr Produkte. Die industrielle Revolution begann.

Das Problem sollte also nicht das Geld sein, sondern echte Knappheiten. Wenn es zu wenig Handwerkerinnen gibt, können sie keine Schulen renovieren. Man kann keine Menschen drucken und keine Dämmwolle. Aber man kann Menschen und Dämmwolle mit Geld so steuern, dass sie zueinanderfinden. Durch Förderprogramme oder Steuersenkungen für Bauunternehmen.

Die Kapitänin zeigte uns die Stellen am Ufer, wo Biber die Bäume angenagt hatten. Sie erzählte, dass man aktuell kaum Enten sehen könne – denn die Enten wüssten, dass bald Jagdsaison sei, weshalb sie in die Innenstädte zögen, wo nicht geschossen werden darf. Sie zählte uns die Gewürze auf, die sie in den Glühwein getan hatte. Sie zeigte uns eine kleine Gruppe Kühe, die der Bauer angeblich jedes Jahr mit einem Kahn auf die Weide bringen würde, Augen verbunden, damit die Kühe nicht in Panik verfallen. Ein Eisvogel schoss als grellblauer Blitz an uns vorbei.

Wir gaben der Kapitänin 10 Euro Trinkgeld, womit sie doch noch auf die 80 Euro kam, die sie eigentlich hatte verdienen wollen. »Ach«, sagte sie, »das ist ja super. Dann muss ich morgen nicht mehr kommen!« Mehr als 80 Euro hatte sie gar nicht gewollt.

225 EURO
für eine
Katzentherapeutin

Als ich die Katzen kaufte, erfuhr ich, dass sie Futter der Marke *Catz finefood* fraßen, das je nach Verpackungsgröße bis zu 14 Euro pro Kilogramm kostet. Ich machte das eine Weile mit, kaufte Vorteilspacks, nutzte Sonderangebote. Bis ich bei einem Online-Produkttest las, dass *Catz finefood* nicht besonders gesund für Katzen sei. Seitdem bekommen sie eine billigere Marke.

Die Katzen selbst waren ein Schnäppchen, sie haben 150 Euro gekostet. Beide zusammen. Genau genommen war es eine »Schutzgebühr«, quasi eine Aufwandsentschädigung für den Tierschutzverein, der sich bis dahin um sie gekümmert hatte. Wir spendeten 50 Euro zusätzlich. Es sind immerhin zwei Lebewesen, und der Verein hatte sie aufgezogen, in Boxen gesetzt, mit dem Auto eine weite Strecke zu uns gefahren.

Die ersten acht Monate ihres Lebens haben die Katzen in der Wohnung einer älteren Dame verbracht. Deshalb sind sie sehr schreckhaft. Sie haben Angst vor kleinen Kindern, vor der Türklingel, vor dem Geräusch der Spülmaschine und des Wasserkochers, Angst, wenn man schnell an ihnen vorbeigeht. Angst vor dem Hausflur, zum Glück. Wenn die Katzen sich über den Weg laufen, sich zufällig auf der Tischplatte begegnen oder im Bett, dann stupsen sie einander mit ihren Nasen an und lecken sich gegenseitig an ihren Köpfen. Wenn sie nebeneinandersitzen, eine etwas kleiner, der andere etwas größer, und in die Gegend schauen, muss ich immer an eine Skulptur von Max Ernst denken, sie heißt *Die zwei Assistenten* und steht im Max-Ernst-Museum in Brühl. Ich habe eine Postkarte mit einer Fotografie der Skulptur, die ich seit Ewigkeiten von Wohnung zu Wohnung schleppe und überall aufhänge. Inzwischen hängt sie im Bad, neben dem Fenster. Es macht mich froh, diese Skulptur anzusehen, und es macht mich noch froher, die Katzen anzusehen, wenn sie nebeneinandersitzen.

Allerdings hatte ich es mir leichter vorgestellt, mit Katzen. Die anderen Hauskatzenbesitzer lassen einen nicht wissen, wie stressig es ist, sich um ein Tier zu kümmern. Katzen brauchen dauernd Aufmerksamkeit, sie kotzen auf den Fußboden, sind wahnsinnig persistent, wenn sie etwas wollen, würden eher verhungern, als Futter zu essen, das sie nicht kennen, und schlafen eben nicht ruhig mit im Bett, sondern wecken einen um 8 Uhr morgens auf, weil der Napf leer ist. Außerdem brauchen sie unendlich viel Zubehör. Spielzeug, Kratzplatten, Stufen, auf die sie hüpfen können, einen Kratzbaum, mehrere Toiletten, solche Sachen. Ich hatte das nicht einkalkuliert, als die Katzen eingezogen sind, aber ich habe mich an alles gewöhnt.

Der Kater pinkelte leider häufig an Orte, die nicht seine Katzentoilette waren. In einen Korb mit Zeitungen. Auf Schaffelle. Auf einen Sessel. Ich schob es auf Unregelmäßigkeiten in seinem Tagesablauf (jemand anderes kam zum Füttern, wir hatten Gäste, solche Sachen) und trennte mich von den Dingen, die stanken. Ich liebte den Kater mehr als meine Möbel.

Dann kaufte ich ein neues Sofa. Ein sehr teures Sofa. Eins, das extra für uns angefertigt wurde, mit dem Bezug, den wir wollten, in der Farbe, die wir wollten, in der Länge, die wir wollten. Das Sofa kostete 2250 Euro. Der Kater begann, jede Nacht darauf zu pinkeln. Könnte es nicht auch die Katze gewesen sein?, fragen Sie sich jetzt. Aber nein, ich weiß, dass es der Kater war, denn manchmal pinkelte er, während ich daneben stand oder saß. Als wäre es nichts.

Wenn man Probleme mit Tieren hat und Rat im Internet sucht, läuft es immer darauf hinaus, dass man irgendwelche Sachen kaufen soll. Ich beschloss also, das Problem zu lösen, indem ich Geld darauf warf. Ich habe Welpentrainingsunterlagen gekauft, 12,99 Euro pro Stück. Sie nahmen Flüssigkeit zuverlässig auf und neutralisierten die Gerüche weitgehend, sind außerdem bei 20 Grad maschinenwaschbar. Tolles Produkt, fünf Sterne. Sie halfen nur nicht gegen das Kernproblem, denn ich musste sie jeden Morgen waschen. Also habe ich für ungefähr 40 Euro Kratzunterlagen gekauft, die jetzt überall in der Wohnung liegen und hängen. Weil ich gelesen hatte, dass Kater ihr Revier durch Pinkeln oder Kratzen markieren. Die Kratzunterlagen wurden gut angenommen, beide Katzen lieben sie, der Kater entschied sich allerdings für Pinkeln *und* Kratzen. Also habe ich – weil ich gelesen hatte, dass manche Katzen aus Langeweile unsauber werden – noch mehr Spielzeug gekauft, als wir eh schon hatten, Bälle, Kaustäbe, Mäusenachbildungen. M. sagte, der Kater müsste den logischen Schluss ziehen, dass ich ihn fürs Wildpinkeln belohne.

Der Terror hörte nicht auf.

Eine Kollegin empfahl mir einen speziellen Katzenurinreiniger, 21,99 Euro in der Zoohandlung. Naturprodukt, vollkommen ungiftig, mit irgendwelchen Enzymen drin, die den Katzenurin zersetzen, so habe ich das verstanden. Der Reiniger war so schnell leer, dass ich direkt einen zweiten holen musste. Man kann ihn nämlich auch in der Waschmaschine ins Weichspülerfach kippen, damit die Sofabezüge wieder frisch riechen. Die Kollegin sagte außerdem, ich solle am besten mal mit dem Kater zum Tierarzt gehen. Vielleicht habe er eine Entzündung.

Beim Tierarzt zahlte ich schmunzelnd 105 Euro für einen Blasen-Ultraschall inklusive Urinprobenanalyse. Der Kater ließ das alles tapfer über sich ergehen. Er schien kein Problembewusstsein für all die Dinge zu haben, die um ihn herum in letzter Zeit geschahen, genau wie er absolut gar nicht begriff, warum ich ihn anschrie, wenn er aufs Sofa machte. Leider hatte er keine Harnsteine. Es konnte keine körperliche Ursache für das Sofapinkeln gefunden werden. Die Tierarzthelferin erzählte mir das bedrückt am Telefon. »Es wäre ja besser gewesen, wenn wir etwas gefunden hätten«, sagte sie, denn nun sei die Diagnose eben: verhaltensgestört. Sie empfahl mir ein weiteres Produkt: *Feliway Friends*. Das ist eine Art Airwick für Katzen. Ein Steckdosenstecker mit Flüssigkeitsreservoir. In der Flüssigkeit sind Pheromone, die Katzen produzieren, wenn sie froh sind. Der Stecker verteilt sie in der Raumluft, was dazu führen soll, dass die Katzen meinen, froher zu sein, als sie es sind, weshalb sie dann nicht mehr aus Wut und Reviermarkiererei pinkeln würden. 22,99 Euro für das Einsteigerset, hält 30 Tage. Einen kleinen Effekt auf die Stimmung redete ich mir ein. Aber bevor ich die Nachfüllpackung für 25,99 Euro kaufte, pinkelte der Kater zum Glück wieder aufs Sofa, so sparte ich mir immerhin dieses Geld.

Ich wollte nie jemand sein, der sich unsinnige Produkte und Dienstleistungen für sein Haustier andrehen lässt. Aber die Situation verschärfte sich, sodass ich mich gezwungen sah, eine Katzenpsychologin zurate zu ziehen. 190 Euro für zwei Stunden Hausbesuch. Ich war bereit, das zu bezahlen, denn sie war meine letzte Hoffnung. Im telefonischen Vorgespräch stellte sie mir Fragen zum Kater. Unter anderem, ob es Auffälligkeiten an seinem Bewegungsapparat gebe. Ich lachte, »nein, haha, er ist ja noch jung, aber er hat leichte X-Beine hinten, sieht ganz süß aus«. Woraufhin sie sagte, sie könne mich nicht beraten, bevor ich mit dem Kater nicht beim Röntgen gewesen sei. Vielleicht, sagte sie, habe er Schmerzen. Hüftkrankheit, Kniekrankheit, deshalb Probleme beim Klogang. Da bringe Therapie nichts. Ich sagte, dass er erst zwei Jahre alt sei. Sie sagte, dass Katzen nie aus Böswilligkeit wildpinkeln, sondern immer aus Trauer oder Schmerz.

Ich bin also wieder zur Tierärztin gegangen mit dem Kater. Mit mir im Wartezimmer saßen Hundehalter mit multimorbiden Labradors, die sich im Gespräch darin überboten, welche Krankheiten ihr jeweiliger Hund vorweisen konnte und wie viel Geld sie deshalb schon ausgegeben hatten. Die Hunde waren schlecht erzogen und bellten. Ich stellte mir die Katzentransportbox auf den Schoß und drehte die Öffnung zu mir. Der Kater sollte mich sehen, er sollte wissen, dass ich ihn nicht verlassen habe. Er zitterte erst, dann wurde es besser und er saß einfach nur da, in eine Ecke der Box gequetscht. Katzen, dachte ich, gehören vielleicht doch nur auf Bauernhöfe.

Die Tierärztin fragte mich, welche Tiertherapeutin mir zum Röntgen geraten hätte. Ich sagte den Namen, sie kannte sie nicht. Sie nahm den Kater aus der Box und schaute ihn an. »Der hat keine X-Beine«, sagte sie, »der hat Quadratlatschen.« Sie sagte, dass sie sich selbst die Zeit sparen wolle, mir das Geld und dem Kater die Narkose. Dass sie ihn nicht röntgen würde. Sie zog seine Beine lang und bewunderte das Skelett des Riesenkaters. Er wehrte sich nicht, er maunzte nicht, er kratzte nicht, er guckte nur doof aus der Wäsche. Was dazu führte, dass ich den Kater in diesem Moment noch mehr liebte. »Vielleicht«, sagte sie, »ist er einfach nicht glücklich bei Ihnen. Mit der anderen Katze.« Beim Rausgehen zahlte ich weinend 22 Euro. Die Hundehalter dachten wahrscheinlich, ich müsste den Kater einschläfern. An dem Nachmittag schaltete ich eine Annonce bei Ebay-Kleinanzeigen. Neues Zuhause gesucht. Der

Kater sprang zu mir aufs Bett, als ich gerade ins Handy tippte, dass er geimpft sei und gechippt, legte sich an meine Schulter und massierte mit seinen Vorderpfoten meinen Handybildschirm. Ich wusste nicht, was er damit sagen wollte.

Bevor wir ihn weggeben, sagte ich zu M., will ich wirklich alles versucht haben. Also suchte ich nach einer anderen Katzentherapeutin und fand eine, die noch teurer war, 225 Euro für zwei Stunden Videoberatung. Egal, dachte ich. Es ist jetzt alles egal.

Ich rief die Katzentherapeutin an und schilderte ihr das Problem. Wir machten einen Termin aus, und sie bat mich, vorher ein Video von unserer Wohnung zu drehen – also von den Orten, die für die Katzen relevant sind. Außerdem sollte ich einen Fragebogen zu beiden Katzen ausfüllen, in dem ich sie unter anderem mit Adjektiven beschreiben musste (freundlich, neugierig, ängstlich, maunzig). Es war relevant, ob die Katzen mit im Bett schliefen, welche Lieblingsplätze sie hatten, was sie gerne fraßen. Ich war gewillt, mich voll und ganz auf diese Sache einzulassen, die ich eigentlich voll und ganz abgedreht fand.

»Also, die Überlegenheit des Menschen liegt im Wissen, das duldet keinen Zweifel«,[22] so schreiben es Adorno und Horkheimer in der *Dialektik der Aufklärung*. Damit meinen sie, glaube ich, dass Wissen eine Art Kapital ist, die wir nicht nur anderen Spezies voraushaben, sondern durch die eben auch zwischen Menschen Hierarchien entstehen. Die Katzentherapeutin stand demnach in jeder Hinsicht über mir: Sie verdient pro Stunde besser als ich. Und sie war die Hüterin des Katzenherrschaftswissens, das mir fehlte.

Was mir auffiel während der anderthalb Stunden Zoom-Konferenz – wir haben nicht einmal die vollen zwei Stunden ausgenutzt; ich hatte M. gezwungen, dabei zu sein –, was mir auffiel, war die Tatsache, dass die Katzentherapeutin die Katzen immer beim Namen nannte. Sogar wenn sie Konfliktsituationen zwischen Kater und Katze beschrieb, sagte sie nicht »die Katzen« oder »die Tiere«, sondern ihre Namen, als wären die Tiere Kinder, die sich auf dem Spielplatz streiten.

Die Beratung bestand dann vor allem aus Kauftipps. Wir benutzten zum Beispiel ein Biostreu, das sich in der Toilette herunterspülen lässt, weil es letztlich nichts ist als Biomasse, die sich zersetzt. Es möge gut für die Umwelt sein, Katzen allerdings hassten es der Erfahrung der Katzentherapeutin nach. Sie nannte uns zwei andere Katzenstreu-Markennamen und sagte sicherheitshalber dazu, dass sie keine Provision bekomme. Dann sollten wir eine andere Toilette kaufen, eine Katzenangel, verschiedene Spielzeuge, ein Katzenlaufrad (ja, das gibt es wirklich), vier verschiedene Bücher zum Thema Katzenhaltung, ein Katzen-Intelligenzspiel und ein Spielzeug, das »Cat Dancer« heißt, letztlich allerdings einfach nur ein Draht mit vier Papprollchen am Ende ist.

Die Katzentherapeutin fragte, welche Aufgaben die Katzen denn bei uns zu Hause hätten. Wir lachten und sagten, dass das ja eine neoliberale Haltung sei. Aufgaben, für Tiere. Sie sagte, dass Katzen Aufgaben brauchen. Sie wollen jagen, sonst sind sie unglücklich. Wir sollten, sagte sie, mit jeder Katze mindestens anderthalb Stunden am Tag spielen oder trainieren. Einzeln, nicht zu zweit. Wir guckten relativ verdattert, das übertrug sich wohl nicht durch die Zoom-Kamera. Ich fragte sie, ob sie es eigentlich für vertretbar hielte, Katzen in der Wohnung zu halten. Sie sagte, dass sie lange dachte, es wäre kein Problem. Sie habe ja selbst zwei Katzen. Aber wenn die mal nicht mehr wären, sagte sie, dann würde sie sich auch keine weitere Katze anschaffen, nicht in der Wohnung. Eher einen Hund. Katzen seien nicht dafür gemacht, drinnen zu sitzen. Für draußen seien sie aber eigentlich auch nicht gemacht, zumindest nicht in der Menge, denn sie fangen zwar Ratten, gefährden aber bestimmte Vogelarten. Man kann sie natürlich an einer Leine rauslassen, im Garten, aber das mache sie wiederum unglücklich.

Und, fragte ich, stimmt es eigentlich, dass man Katzen nur zu zweit halten sollte? Das hatte ich überall gelesen, bevor wir die Katzen holten, eine Frau im Tierheim hatte es auch gesagt. Ich war mir nun nicht mehr sicher, weil die Katzen eher wirkten, als hätten sie die Wohnung jeweils gern für sich allein.

»Es gibt Katzen, die wirklich befreundet sind«, sagte die Katzentherapeutin. »Aber vielen ist es eigentlich völlig egal, ob die andere da ist. Die leben in einer Zweck-WG.« Wenn eine Katze genug Beschäftigung habe, dann brauche sie keinen Freund. Andersherum: Wenn man zwei Katzen gemeinsam halten wolle, dann bräuchte man »genug Ressourcen«, damit sich die Katzen nicht streiten. Man muss also, wenn man zwei Katzen gemeinsam halten will, noch mehr Kratzpappen kaufen, noch mehr Körbchen, noch mehr Spielzeug.

Ich denke inzwischen, dass es Propaganda der Tierindustrie ist, dass man Katzen gemeinsam halten sollte. Wenn ich Herstellerin von Kratzpappe wäre und mehr Produkte verkaufen wollen würde, würde ich genau diese Erzählung verbreiten. Die Anzahl der Haushalte, in denen Katzen leben, lässt sich nur schwer steigern, denn es sind schließlich immer noch Lebewesen, und die meisten Leute machen sich die Entscheidung, eine Katze anzuschaffen, nicht ganz so leicht. Es gibt also kein Wachstum. Irgendwann sind die meisten Haushalte mit einer Toilette und einem Kratzbaum versorgt. Aber die Anzahl der Katzen! Die lässt sich steigern. Und da Katzen eben überhaupt keine Wohnung teilen wollen, steigert man durch die Anzahl der Katzen zusätzlich die Anzahl der Produkte, die die Leute kaufen, damit die Katzen es zusammen einigermaßen erträglich finden.

Nach dem Gespräch fuhren wir zu »Fressnapf«, kauften die empfohlene Streu und zwei Spielmäuse, was zusammen weniger als 15 Euro kostete. Ich fragte mich, als ich die Katzentoiletten auswusch, ob das jetzt eigentlich Sorgearbeit ist. Denn Sorgearbeit bedeutet unter anderem, dass man sich kümmert, dass man Tätigkeiten ausübt, für die man kein Geld bekommt, im Dienste anderer, die sich nicht selbst um sich kümmern können. Alte Leute zum Beispiel oder Kinder. Ist es Sorgearbeit, sich um Lebewesen zu kümmern, die ich mir aus freien Stücken, ohne Not, ins Haus geholt habe? Kinder holt man sich auch aus freien Stücken ins Haus, meistens. Aber bei Kindern kommt es mir logischer vor, sich zu beschweren, wie arbeitsintensiv die Sache ist.

Wenn man versucht, den Unterschied zwischen Katzen und Kindern und der mit ihnen einhergehenden Sorgearbeit auszumachen, kommt man in eine ganz unangenehme neoliberale Argumentationslinie. Etwa so: Kinder werden einmal unsere Renten zahlen, Katzen hingegen tun nichts für die Volkswirtschaft – deshalb ist das Kümmern um Kinder ein Dienst an der Gemeinschaft, während das Kümmern um Katzen ein Dienst allein an den Katzen ist. Andererseits hat der Kater durch sein Gepinkel schon recht viel für die Volkswirtschaft getan, zumindest für einen Zweig der Heimtierindustrie. Und außerdem wäre es ja ebenso Sorgearbeit, ein Kind großzuziehen, das später einmal nichts in die Rentenkasse einzahlt. Wo genau, frage ich, zieht man da also die Grenze?

Fürs Erste habe ich beschlossen, es so zu halten: Haustierbetreuung ist keine Sorgearbeit. Denn Haustiere sind Hobbys. Kinder sind keine Hobbys, denn die Sorgearbeit am Kind ist darauf angelegt, dass man sie eines Tages nicht mehr machen muss, während die Sorgearbeit an der Katze nie endet – beziehungsweise erst mit dem Tod der Katze. Natürlich ist das nicht ganz schlüssig, denn auch die Sorgearbeit an manchen Kindern endet nie; aber mir gefällt diese Unterscheidung. Ich habe nämlich festgestellt, dass ich keine Hobbys habe, und finde das eigentlich schlimm. Nichts zu haben, womit man sich beschäftigt, außer Lohnarbeit und Essengehen.

Die Geschichte ist gut ausgegangen. Wir spielen jetzt jeden Abend und jeden Morgen 15 Minuten mit den Katzen, allerdings mit beiden zusammen. Die Katzen interessieren sich kein bisschen für die beutetierähnlichen Mäuse aus dem Zoohandel. Am meisten lieben sie einen dünnen Draht, an dessen Ende ich ein Post-it geknotet habe. Die umweltfeindliche Klumpstreu wird gut angenommen, die Katzen stehen da gerne bis zu den Knien drin und buddeln. Das Sofa lassen sie seitdem in Ruhe. Aber was hätten wir getan, wenn ich nicht 600 bis 700 Euro hätte ausgeben können, für Reiniger, für Tierarztbesuche, für Therapeutinnen? Vielleicht hätten wir das einzig Sinnvolle getan, für uns und die Katzen gleichermaßen, und sie auf einen Bauernhof gebracht.[23]

750 000 EURO
für die Renovierung
einer Tiefgarage

»Sie haben Feedback erhalten«, steht über der E-Mail, die ich erhalte, an einem Dienstag, 17.30 Uhr. So steht das über allen Mails von Lesern, auch wenn es manchmal kein Feedback, sondern Beleidigungen oder Abhandlungen sind. Manchmal kommen auch tolle Sachen per Mail. Hinweise, Erfahrungsberichte, so was. In diesem Fall geht es dem Leser um einen Text, den ich über Vermögensabgaben geschrieben habe. Er schreibt von sich selbst, dass er sehr vermögend ist. Und möchte mir deshalb erklären, was eine Vermögensabgabe bedeuten könnte. Für ihn.

»Lassen Sie uns gern darüber sprechen«, schreibe ich. Ich bin diese Gespräche einigermaßen gewohnt, denn ich tausche mich häufig mit sehr reichen Leuten aus. Man muss da »Gesprächskanäle offenhalten«, würde ich sagen. Mich interessiert ihre Perspektive auf die Welt. Was reiche Menschen traurig macht, was sie stresst, wovor sie Angst haben. Und ich habe den Eindruck, dass reiche Menschen mir das auch gern erzählen wollen. Dass sie mit dem Gefühl durch die Welt laufen, das arme Menschen auch haben: Wenn ihr nur wüsstet, wie es mir geht! Einerseits, weil sie sich darüber Gedanken machen müssen, wo sie das Geld anlegen. Wer es verwaltet, was sie damit kaufen. Andererseits, weil sie permanent Sorgen haben, dass ihr Vermögen aufhören könnte zu wachsen. Es gibt immer jemanden, der mehr hat. Und dem gegenüber fühlt man sich unterlegen. Reiche Menschen sind auch Menschen. Ich sehe mich da in einer Vermittlerrolle, zwischen ihnen und der Welt um sie herum.

Ich verabrede mich mit dem reichen Mann für ein Telefonat. Er wolle, sagt er, von vorne anfangen zu erzählen. Er habe in der Industrie gearbeitet. Jetzt sei er über 60 Jahre alt und konzeptioniere Dienstleistungen. Ich verstehe nicht richtig, was damit gemeint ist, aber er möchte es auch nicht weiter erklären. Es gibt so viele verrückte Berufe, denke ich. Er habe, fährt er fort, immer ein ganz normales Angestelltenleben gehabt. Er nennt mir die Namen zweier großer Konzerne. Mit 18 ist er nach dem Abitur zur Bundeswehr gegangen. Seine Eltern haben ihn dazu gedrängt, eine Eigentumswohnung zu kaufen. Sie kostete 130 000 Mark. Er hatte 3000 Mark brutto Gehalt, die Eltern setzten eine eigene Eigentumswohnung als Sicherheit für den Kredit ein. Die hatten sie schon in den 1960er-Jahren gekauft, für 60 000 Mark.

»Ich konnte ohne Eigenkapital meine erste Wohnung kaufen«, sagt er. »Meine Eltern haben mir viele Dinge ermöglicht, obwohl sie selbst nur einen Hauptschulabschluss hatten.«

Hauptschulabschluss, das klingt heute nach Unterschicht, damals war es einfach Standard. 66 Prozent der vor 1945 Geborenen hatten einen Hauptschulabschluss.

»Ich habe dann eine zweite und dritte Wohnung gekauft. Als ich meinen ersten Job angefangen habe, habe ich ein Einfamilienhaus gekauft. Als mehr Kinder kamen, habe ich ein größeres Haus gekauft. 2008 und 2010 habe ich mir noch einmal Geld bei der Bank geliehen. Zwei Mietshäuser an Land gezogen. Also, seit den 1970er-Jahren, immer im Drei-, Vier-Jahrestakt Immobilien gekauft.«

Er sagt: »Das hätte jeder tun können.«

Ich denke: Ja, jeder, der bereits geboren war.

»Dann bin ich rausgeflogen«, sagt er, »die Firma hat zuge-
macht.« Er fand einen neuen Job, in einer anderen Stadt, natürlich kaufte er sich dort eine Eigentumswohnung. »Weil ich da
unter der Woche leben musste.«

Seine Kinder, sagt er, nennen ihn »Miet-Hai«.

»Meine Angestelltentätigkeit und die Immobilienwelt habe
ich immer getrennt gehalten. Ab und zu geht auch mal was von
meinem Gehalt in die Immobilien, oder andersherum, aber das
sind vielleicht mal so 10 000 Euro.«

»Mhm«, sage ich. »Verstehe.«

»… und durch die – von mir nicht beabsichtigte – Immo-
bilienpreisentwicklung stehe ich bei einem Immobilienvermögen von 15 Millionen Euro, 5 Millionen Euro Schulden, eigentlich wären es nur noch 4,5 Millionen, aber was leider keiner
sieht: Ich wurde rechts überholt von einer Tiefgaragensanie-
rung.«

Da ist der Schmerz. Er musste einen Kredit aufnehmen,
noch mal 750 000 Euro, damit sein Mietshaus nicht zusammen-
bricht. Das meinen die Leute also, wenn sie sagen, dass Eigentum verpflichtet. Zum Glück ermöglicht Eigentum gleichzeitig
große, unkomplizierte Kredite. Wer Sicherheit bietet, wer also
Vermögen hat, bekommt von den Banken Geld zur Schaffung
von weiterem Vermögen.

»Herr K.«, sage ich, »Sie sagen, dass Sie reich sind, weil Sie
die Chancen einfach genutzt haben, die da waren. Aber verstehen Sie denn, dass das so heute nicht mehr möglich wäre? Dass
es keine Wohnungen in dieser Preisklasse gibt, weil Ihre Generation sie alle bereits besitzt?«

Er versteht es, aber er sieht das Problem nicht bei sich. In
seiner Wahrnehmung ist er ein kleiner Fisch. Ein ganz normaler Typ, der zufällig alles richtig gemacht hat. Und er findet
es auch nicht gut, »dass so massiv in den Markt eingegriffen

wird«. Womit er nicht politische Eingriffe meint, sondern die Eingriffe von Investoren. Die Rentenfonds, die Konzerne, die Holdings, die Immobilien in deutschen Städten aufkaufen, um Anlegern sichere Renditen garantieren zu können.

»Die Tiefgarage meines Hauses teile ich mir mit einem großen Immobilienkonzern, und wenn ich höre, wie der dortige Bereichsleiter so tickt – das sind Exzesse, wo ich sagen muss: Das ist nicht meine Welt. Ich investiere in meine Häuser. Ich habe jährliche Mieteinnahmen von 380 000 Euro, zahle an die Bank 300 000 Euro Schulden ab. Die übrigen 80 000 benutze ich für die Instandsetzung.«

Die Schulden, rechne ich später nach, wird er bei 5 Millionen Euro noch 16 Jahre lang abzahlen müssen. Wobei: Wahrscheinlich kauft er sich demnächst mal wieder etwas Neues.

Jetzt sind wir auf jeden Fall bei dem Thema, über das wir eigentlich sprechen wollten.

»Bei einer Vermögensabgabe von einem Prozent«, sagt er, »könnte ich meine zehn Millionen Euro Nettovermögen runterrechnen auf sechs Millionen.«

Ich muss ein bisschen schmunzeln. Weil es so normal ist, dass man sich ärmer rechnet, wenn man reich ist. Um 40 Prozent ärmer, einfach mal so, durch Tricks, die legal sind. »Da mache ich uns beiden jetzt nichts vor«, sagt er. Erzählen Sie das mal den Hartz-IV-Empfängern, deren Paypal-Konten auf Einnahmen aus Flohmarktverkäufen kontrolliert werden, denke ich.

»Bei sechs Millionen Euro Vermögen wären ein Prozent Vermögensabgabe also 60 000 Euro. Da würde ich dann einfach entscheiden, in den Jahren, wo es eine Vermögensabgabe gibt, meine Häuser nicht mehr zu renovieren. Darunter würden die Mieter leiden.«

Ich sage nicht, dass die Renovierung eines Hauses dessen Wert steigert. Dass nicht nur seine Mieter davon profitieren, wenn er seine Häuser renoviert, sondern auch er selbst. Die Mieter freuen sich zwar über neue Fenster, aber er besitzt die neuen Fenster. Die neuen Fenster steigern den Preis der Häuser, die er ebenfalls besitzt. Außerdem dürfen Vermieter die Instandhaltungskosten für Gebäude als Werbungskosten von der Steuer absetzen. Aber: Er selbst würde durch die neuen Fenster nicht schauen, sie isolieren nicht sein eigenes Leben, weshalb er nicht das Gefühl hat, von ihnen zu profitieren.

Eine Idee will ich in unser Gespräch noch einbringen. Wie wäre es, wenn er einfach eine seiner vielen Wohnungen verkaufen würde?, frage ich ihn. Dann hätte er ja ziemlich viel Geld. Weniger Schulden außerdem.

»Ich will das Zeug nicht verkaufen.« Sagt er. Zeug. Lebensgrundlage von Menschen, Wohnungen, Häuser. Zeug.

Er sagt: »Ich habe in meinem Leben noch nichts verkauft.«

Er sagt: »Solange man fließendes Geld besteuert, ist es ja okay, das ist bei Firmen ja auch der Fall. Aber die Vermögensabgabe ist ein Problem für mich.«

Ich nicke, aber das hört er am Telefon ja nicht.

Vor zwanzig Jahren verkaufte die Bundesversicherungsanstalt für Angestellte – heute die Deutsche Rentenversicherung – ihre Anteile an der »Gagfah«. Die »Gagfah« war einer der größten bundesweiten Immobilienkonzerne, sie verwaltete etwa 110 000 Wohnungen und gehörte zu 99,87 Prozent der Bundesversicherungsanstalt für Angestellte. Mit den 2,1 Milliarden Euro sorgte die BfA dafür, dass die Rentenbeitragssätze nicht stiegen. Das Geld hätte der Staat sonst als Schulden aufnehmen müssen. Finanzminister Hans Eichel (SPD) befürwortete den Verkauf deshalb.[24] Der Käufer der »Gagfah« war ein amerikanischer Fonds mit dem Namen »Fortress«. Zwei Jahre später, 2006, kaufte derselbe Fonds 48 000 Wohnungen in Dresden, für 1,7 Milliarden Euro.[25]

Heute, sagt der Immobilienbesitzer am Telefon, würden Politikerinnen die vorhandenen Missstände auf dem Mietwohnungsmarkt beklagen, die sie selbst zu verantworten hätten. Denn sie hätten ja verhindern können, dass Fonds zehntausende Wohnungen aufkaufen.

Er sagt: »Es täte mich schon mal interessieren, wie meine Mieter mich sehen. Ich sehe ja auch die Realität in Deutschland: Wie die meisten Menschen leben, wie die meisten Menschen dastehen. Deshalb verstehe ich selbstverständlich, dass wir schauen müssen, wen wir wie belasten.«

Es ist ihm wichtig, dass er kein schlechter Mensch ist, sondern nur von politischen Entscheidungen in schlechte Umstände gebracht wird. Hätte Finanzminister Hans Eichel die Sozialwohnungen nicht verkauft, wäre er jetzt ja vielleicht gar nicht so reich. Wobei er nie »reich« sagt, sondern immer: »vermögend«.

Er sagt: »Als ich einmal meinen Job verloren habe, gab es Abfindungen von 100 000 Euro. Ein Kollege meinte, das sei ja kein Geld. Ich habe gesagt, na, wenn das kein Geld ist, dann bringen wir morgen früh mal jeder 100 000 Euro mit.« Das sind Dinge, die ihn bewegen, sagt er. Wenn Leute keine Wertschätzung für Geld haben.

Ich sage, dass ich ihn verstehe. 100 000 Euro sind viel Geld. Wie gerne hätte ich 100 000 Euro! Wie gerne würde ich Immobilien kaufen! Ist ja auch wahnsinnig vernünftig. Altersvorsorge und so. Aber selbst an den Rändern Berlins ist das so gut wie unmöglich.

»Was ich erlebe«, sagt er, »ist, dass auf einer Seite die Knappheit auf dem Wohnungsmarkt beklagt wird, aber auf der anderen Seite die Baukosten politisch verteuert werden. Man muss immer mehr isolieren. Immer mehr Steuern zahlen.«

Die Große Koalition hat Umweltstandards für Neubauten eingeführt. Dadurch wird das Bauen teurer, gleichzeitig sinken natürlich die Kosten für Energie, wenn das Gebäude fertig ist. Die Energiekosten zahlen aber nicht die Vermieter, sondern die Mieter. Umweltstandards bedeuten also, dass diejenigen, die Häuser bauen, kurzfristig mehr zahlen, damit diejenigen, die die Häuser später mieten, langfristig weniger zahlen. Dann die Steuern: Die Bundesländer benötigen die Grunderwerbssteuer – also die einmalige Steuer, die jede zahlen muss, wenn sie sich ein Haus kauft oder eine Wohnung. Deshalb kommen auf den Kaufpreis von Bauland oder von Wohneigentum immer 3,5 (in Bayern) bis 6,5 Prozent (in NRW) Steuern obendrauf.[26] Bei einem Haus mit Grundstück für 500 000 Euro würde man in Nordrhein-Westfalen also zum Beispiel 30 000 Euro Grunderwerbssteuer zahlen. Deshalb, argumentiert der Immobilienbesitzer, würde sich das Bauen nicht lohnen. Und weil weniger Leute bauen, es dadurch wenig Häuser und Wohnungen im Angebot gebe, jedoch viel Nachfrage, stiegen die Preise der bestehenden Häuser und Wohnungen exorbitant. Die Politik macht also alles falsch, und auch weil die Politik alles falsch macht, weil die Politik das Bauen verteuert und dadurch bremst, ist er heute Multimillionär. Es war nicht seine Schuld. Er kann nichts dafür.

»Aber die Immobilienpreise in den Städten«, sage ich, »die haben sich verfünffacht. Das liegt ja nicht daran, dass die Steuern so hoch sind. Oder an dem bisschen Dämmwolle.«

Er sagt, dass er seinen Kindern gern eine Wohnung kaufen würde, aber dass sie das nicht wollten, wegen der Unabhängigkeit.

Vermutlich wird er bald anfangen müssen, seinen Kindern die Wohnungen zu überschreiben. Damit die keine Erbschaftssteuer zahlen müssen. Oder er könnte die Wohnungen in eine Familien-Holding übertragen, eine GmbH, an der die Kinder dann regelmäßig Anteile geschenkt bekämen. 400 000 Euro darf man seinen Kindern schenken, alle zehn Jahre. Wiederum zehn Jahre nach der Einrichtung einer solchen Immobilien- holding darf man die darin enthaltenen Wohnungen verkau- fen, ohne den Gewinn versteuern zu müssen. Normalerweise muss jemand, der eine Wohnung kauft oder ein Haus, Grund- erwerbssteuer dafür zahlen. Das gilt nicht, wenn man die Im- mobilien an die eigenen Kinder verkauft oder vererbt oder ver- schenkt. So können Eltern ihre Einfamilienhäuser an ihre Kin- der vererben, und die Kinder müssen keinen Kredit aufnehmen, um die anfallenden Steuern zu bezahlen. Aber die Regel gilt natürlich auch für Kinder, deren Eltern ihnen eine Familien- holding mit, sagen wir mal, 500 Wohnungen übertragen.

Wenn man um die 30 Jahre alt ist, so scheint es mir, be- ginnt eine interessante Phase; es ist auf einmal wichtig, wer et- was erbt und wer nicht. Die Autorin Anke Stelling hat darüber zwei Romane geschrieben, in denen sie die Geschichte ihrer Clique erzählt, die sich in Prenzlauer Berg ein Haus baut, viele von ihnen mit Eigenkapital, das sie von den Eltern geschenkt oder vererbt bekommen haben. Die Protagonistin hat kein Ei- genkapital und zieht folglich nicht mit in das Haus – obwohl ein Freund ihr sogar anbietet, ihr das Geld zu geben. Von da an fühlt sie sich ausgeschlossen aus dem Leben, das ihre Freunde führen.

Es ist nicht egal für die eigene Lebensführung, ob man erbt oder nicht. Wer weiß, dass er eines Tages eine Immobilie mit einem gewissen Wert besitzen wird, der lebt risikoreicher. Der muss nicht sparen, um eine gewisse Menge Eigenkapital zu er- reichen. Die Kinder des Mannes am Telefon müssen sich keine Sorgen machen, um nichts.

Wir sprechen über das Wort »reich«. Denn er fühlt sich eigentlich als ganz normaler Angestellter, trotz der vielen Woh- nungen.

»Früher hatte ich einen großen Audi. Als ich und meine Frau uns einen kleineren Wagen kaufen wollten, konnte ich auch nicht einfach 30 000 Euro vom Girokonto abheben.«

Es gibt keine allgemeingültige Definition des Wortes »reich«. Die sogenannte Reichensteuer greift erst bei einem Einkommen von einer Viertelmillion im Jahr. Die statistische Definition von Reichtum ist allerdings eine andere: Wer als Single netto das Doppelte des Medianeinkommens verdient, also etwa 3900 Euro im Monat, gilt als reich.[27] Das sind in Deutschland etwa 7 bis 8 Prozent der Bevölkerung. Interessant ist, dass Menschen in Befragungen oft viel höhere Beträge nennen, wenn sie einschätzen sollen, wer reich ist.[28]

Am Ende zählen subjektive Faktoren für unsere Wahrnehmung von Reichtum viel mehr als Zahlen. Manche Leute, also zum Beispiel ich, denken, man wäre bereits reich, wenn man einen Express-PCR-Test für 200 Euro bezahlen kann. Oder wenn man jeden Abend essen gehen kann. Aber jemand, der zehn Millionen Euro Immobilienvermögen besitzt, denkt, dass man erst reich ist, wenn man ohne Probleme 30 000 Euro vom eigenen Girokonto abheben kann, um sich ein neues Auto zu kaufen. Viele reiche Leute sind deshalb nicht besonders glücklich. Weil sie immer denken, dass es noch nicht genug ist.

Oder sie hadern mit dem eigenen Reichtum. Vor allem, wenn er ererbt ist. Es gibt sogar einen Selbsthilfeverein, »Pecunia«, in dem sich Erbinnen austauschen. Sie scheinen regelrecht an ihrem Geld zu leiden. Marita Haibach, Autorin des Buches *Frauen erben anders*, formuliert es so: »Wir leben ja in einem Lande, wo es nach wie vor verpönt ist, reich zu sein, das heißt in einer Weise, dass zwar viele gerne reich wären, aber wenn man darüber redet, ist es doch etwas, was persönlich schwierig ist, zumal es eben in vielen Kneipengesprächen so ist, dass auf den Reichen rumgehackt wird.«[29]

Ise Bosch, die Enkeltochter von Robert Bosch, ist Mitglied bei »Pecunia«. Sie studierte in den USA Geschichte und Jazz in Berlin. In den 1990er-Jahren entschied sie sich dafür, ihr Vermögen für gute Zwecke einzusetzen. In New York gründete sie den »Fund for Sexual Minorities«, 2001 die Frauenstiftung »Filia« und die gemeinnützige GmbH »Dreilinden«, die in Initiativen investiert, die sexuellen Minderheiten helfen. Im Investment-Portfolio auf der Website von »Dreilinden« wird auch die HT Group erwähnt. Diese investiert wiederum in Immobilien, einerseits in Büroimmobilien, andererseits etwa in »zukunftsfähige, nachfragestarke Standorte in Deutschland. Konzentration auf attraktive Lagen und Objekte mit Fokus auf nachhaltige Vermietbarkeit in den Top 7 Städten und Mittelstädten in Deutschland«. Das Geld von »Dreilinden« trägt also über Markt-Umwege dazu bei, dass die sexuellen Minderheiten und andere Leute sich keine Wohnung in der Innenstadt mehr leisten können. 2007 erschien Ise Boschs Buch *Besser spenden!*.

Wahnsinnig leicht, sich über all das zu echauffieren. Sich lustig zu machen über die leidenden Erbinnen und reichen Immobilienhaie. Das darf man auch. Denn natürlich ist es zynisch, in einer Welt, in der so viele Menschen Geld brauchen, über den eigenen Reichtum zu weinen. Mit dem man sich ja so unwohl fühlt. Jesus Maria! Dann gib es eben weg, das doofe Geld.

Andererseits: Immerhin spüren diese Leute eine Art Unrechtsbewusstsein. Immerhin empfinden sie es nicht als vollkommen natürlich, so viel zu besitzen, ohne dafür gearbeitet zu haben. Diejenigen, die nicht unter ihrem Reichtum leiden, sind viel zynischer.

Die Initiative »taxmenow« ist ein Zusammenschluss reicher Personen, die die Politik auffordern, sie höher zu besteuern.

Bisher sind es nur 59 vermögende Unterzeichnerinnen, die fordern, dass die Vermögenssteuer wieder eingeführt wird, dass Betriebsvermögen bei Erbschaften und Schenkungen ebenfalls besteuert wird, dass es progressive Steuern auf Kapitalerträge gibt und dass die Steuerbehörden besser ausgestattet werden, um Steuervermeidung aufzudecken. Natürlich könnten diese 59 Leute ihr Vermögen einfach spenden. Aber sie sagen, dass es nicht die Aufgabe von Erben ist, die Gesellschaft zu gestalten. Letztlich zu entscheiden, welche Vereine, welche gesellschaftlichen Strömungen Geld bekommen und damit Diskursmacht. Schließlich haben wir dafür eine Demokratie mit gewählten Repräsentanten.

Im Herbst 2022, angesichts drohender Energieknappheit und der Angst vieler Menschen vor der nächsten Heizkostenabrechnung, vor einer Rezession, vor einem Krieg in Europa, warnen Politikerinnen vor sozialen Unruhen. Dabei ist Unruhe vollkommen gerechtfertigt. Für den Besitzer eines Mietshauses ist es ein unangenehmer Gang zum Bankberater, wenn seine Tiefgarage kaputt ist. Für die Maurer, die die Tiefgarage renovieren, ist es bedrohlich, wenn Gurken auf einmal 2,50 Euro kosten und Butter 3,50 Euro. Wenn die Zentralbanken die Zinsen anheben, damit es weniger Investitionen gibt, damit also weniger Tiefgaragen renoviert, weniger Häuser gebaut werden, sind die Maurer unter denjenigen, die ihre Jobs verlieren. Der Mietshausbesitzer verkauft vielleicht eine Wohnung, wenn es ganz, ganz hart kommt. Manche müssen sich vor nichts im Leben fürchten, und manche vor so gut wie allem.

Ich kann mich nicht mehr daran erinnern, wie genau wir uns verabschiedet haben. Aber ich bin sicher, dass wir uns gegenseitig respektvoll gesagt haben, wie sehr wir einander verstehen. Den Standpunkt des jeweils anderen. Was total komisch ist. In den meisten Lebenslagen führt gegenseitiges Verständnis dazu, dass sich ein Kompromiss findet. Eine Handlungsoption. Aber wenn es um Geld geht, dann versteht man sich, und trotzdem bleibt alles so, wie es ist. Oder gerade deswegen.

150 EURO
für ein Ticket für den
Bundespresseball

Am lustigsten war eigentlich, dass wir mit einem Uber vorgefahren sind. Ich wollte mit den hohen Schuhen (39,99 Euro bei Zara) und dem bodenlangen Kleid (31,35 Euro im Sale bei Asos) ungern Rad fahren oder die Tram nehmen. Also bestellte ich ein Uber zum »Adlon« am Pariser Platz, direkt neben dem Brandenburger Tor. Die Straße war gesperrt, überall standen Polizisten und Sicherheitsbeamte. Wir ließen das Fenster des Rücksitzes herunter und zeigten unsere Tickets. Das Uber durfte durch die Absperrung fahren, bis vor den Eingang. Zwei Männer mit Smoking und Hut öffneten die hinteren Türen des Toyota. »Ich hasse alles hier«, sagte ich. Wir stellten uns in die Schlange, um unsere Jacken abzugeben.

Man muss sich den Bundespresseball vorstellen wie ein expressionistisches Gemälde. Alle Leute sehen aus wie verwandelte Versionen ihrer selbst, die Frauen in bodenlangen Kleidern – manche nehmen das zum Anlass, Krönchen zu tragen –, die Männer im Smoking. Es gibt einen Saal, in dem eine Band aus älteren Herren spielt. Dann gibt es Gänge, Flure, teppichbelegte Treppen, zwei Etagen. Von der oberen Etage aus kann man nach unten in den Saal schauen.

Ich merke, dass mir die Worte fehlen, um das »Adlon« zu beschreiben, weil ich mir noch nie Gedanken darüber gemacht habe, wie genau man die unterschiedlichen Elemente von Protz bezeichnet. Stellen Sie sich also einfach einen mittelmäßigen

Film über ein europäisches Königshaus vor, in dem ein großes Fest abläuft. So ungefähr sieht es dort aus. Man findet niemanden wieder, weil es so viele verschiedene Räume gibt, zwischen denen man im Kreis läuft, und gleichzeitig trifft man die ganze Zeit jemanden, den man kennt, mit dem man sich allerdings nicht zu lange unterhalten will, denn die Füße tun weh in den hohen Schuhen und es ist heiß.

Zum Glück kann man an jeder Ecke etwas konsumieren, und zwar zum Flatratepreis. Mitglieder der Bundespressekonferenz (also: Leute, die über Bundespolitik berichten) zahlen 150 Euro, alle anderen zahlen 260 Euro für eine »Flanierkarte«, was bedeutet, dass man nicht am gesetzten Essen teilnimmt, 580 Euro für eine Ballkarte »Premium« und 1000 Euro für eine Ballkarte »VIP«, mit der man danach noch im Hotel übernachten kann, inklusive Nutzung des Wellnessbereichs. Viele Leute, die auf den Bundespresseball gehen, sind in irgendwelchen Firmen in irgendwelchen Positionen, sie machen Kommunikation für irgendwelche Verbände. Sie gehören zu denjenigen, die sich vor nichts fürchten müssen. Sie kommen in Gruppen auf den Ball, um einfach mal einen schönen Abend mit den Kolleginnen zu haben. Der Arbeitgeber zahlt, inklusive Flug und Hotel, denn die Sache hat ja den Anschein von Arbeit und soll das Team enger zusammenbringen.

Leider mag ich keine Austern. Wenn man Austern mag, ist es wahrscheinlich relativ leicht, den Preis der Mitgliedskarte in Naturalien wieder zu sich zu nehmen. Beim Bundespresseball gibt es eine große Austernbar, nach dem Prinzip All-you-can-Auster. Dann gibt es mehrere Stände von Dallmayr, an denen man Pralinen bekommt und Kaffee, so viel man will, außerdem Champagner an den Bars, so viel man trinken kann (mir bekommt Champagner blöderweise nicht besonders gut), und sehr viele unterschiedliche Essensstationen mit sehr vielen unterschiedlichen Gerichten, die alle wirklich toll schmecken. Angeblich hat der ukrainische Botschafter eine Rede gehalten, im großen Saal, aber zu dem Zeitpunkt waren die meisten Gäste wohl gerade am Buffet.

An einem Tisch gab es nichts als schokoladenüberzogenes Obst. Ich machte mir einen Teller voll mit Erdbeeren, einer der Köche – natürlich in Weiß gekleidet, mit Mütze – zeigte auf seinen Kollegen neben sich und sagte: »Er war die ganze Nacht wach, um das hier zu machen.«

Mehrmals empfahlen uns Leute, unbedingt in einen Raum zu gehen, in dem angeblich der Sternekoch Tim Raue *himself* kochen würde. Das sei toll da. Aber der Raum, von dem ich glaube, dass er gemeint war, war so voll und so stickig, dass wir entschieden, wieder zu gehen. Wir tranken stattdessen Cocktails an einer Bar, die vom Pharmakonzern Bayer gesponsert wurde, die Getränke trugen teils Medikamentennamen, und wir probierten in der Iqos-Lounge die Zigaretten, die nach Pups riechen, dafür aber nach Menthol schmecken. In meiner Erinnerung leuchten alle Wände rot, es ist immer laut.

Ein kleinerer Raum lag so, dass man von dort einen guten Blick aufs Brandenburger Tor hatte. Die Leute standen Schlange, an einem offenen Fenster, paarweise, um sich gegenseitig zu fotografieren. So verbringt man seinen Abend: hektisch von Essen zu Essen laufend, von Sushi zu Champagner, von Pralinen zu veganen Ravioli, von Schoko-Erdbeeren zu Cocktails. Es gab sogar einen Glücksspielraum, wo die Glücksspiellobby unterschwellig für sich warb, mit Automaten und einem Roulettetisch.

Eigentlich ist der Ball ein Networking-Event. Politikerinnen treffen auf Journalisten treffen auf Lobbyisten. Aber wegen des Kriegs in der Ukraine hatten die Politikerinnen eine gute Ausrede, nicht auf den Ball zu gehen; dies sei keine Zeit zum Feiern.

Ich versuchte angestrengt, trotzdem interessante Gespräche mit interessanten Leuten zu führen, fand aber nicht, dass das Abendkleid und der Prunk in jeder Ecke für eine intime, angenehme Gesprächsatmosphäre sorgten. Vielleicht bin ich auch einfach nicht so gut im Netzwerken. Also lief ich rum, den ganzen Abend, 4000 Schritte in Zehn-Zentimeter-Absätzen, völlig baff über alles, was ich sah.

Das Klischee, alle Politiker und Journalistinnen würden »unter einer Decke stecken«, ist Bullshit. Denn man kann tatsächlich gemeinsam Champagner trinken und sich trotzdem politisch absolut schrecklich finden. Wenige Menschen, die mir im Alltag begegnen, können so gut mit abweichenden Positionen umgehen wie die Politikerinnen demokratischer Parteien. Wenige Menschen halten so viel Widerspruch aus und streiten so leidenschaftlich und können sich am Ende trotzdem die Hand geben. Es gibt natürlich auch solche, die nach einer Talkshow-Debatte wirklich persönlich beleidigt und eingeschnappt sind. Eher Ausnahmen.

Das liegt natürlich einerseits daran, dass die Dinge, die Politikerinnen beschließen, sie selbst nicht unbedingt betreffen. Weil sie genug Geld haben, um sich die meisten Annehmlichkeiten im Leben zu leisten. Sie gestalten die Welt, aber sie nehmen kaum an ihr teil. Und andererseits ist es wie ein Muskel, den sie den ganzen Tag trainieren: argumentieren, sich streiten, und sich trotzdem gegenseitig aushalten können. Die Kritik an der »Berliner Blase« finde ich deshalb oft naiv; natürlich entsteht eine Blase, immer dort, wo Menschen andauernd miteinander arbeiten und aufeinander angewiesen sind. Es gibt ja auch eine Tiefbauingenieurinnenblase und eine Ökonomenblase. Der Bundestag ist genauso ein Arbeitsplatz wie jeder andere, da entstehen Liebschaften und Streitereien und Lästereien und Intrigen und Freundschaften.

Die Gehälter von Landtags- und Bundestagsabgeordneten sind hoch, aber sie sind nicht enorm. Wenigstens nicht im Vergleich dazu, was in anderen Führungsetagen gezahlt wird. Ein Bundestagsabgeordneter verdient um die 130 000 Euro im Jahr.[30] Eine Auswertung des investigativen Recherchebüros »Correctiv« ergab, dass 60 Prozent aller Sparkassen, bei denen die Gehälter der Führungsetagen in Erfahrung gebracht werden konnten, ihren Vorständen mehr als 282 000 Euro zahlten. Zum Vergleich: Olaf Scholz verdient 360 000 Euro im Jahr.[31] Politik ist – wenn man wirklich etwas verändern will – ein harter Job, der fair bezahlt wird. Man kann natürlich aus einer Gerechtigkeitsperspektive kritisieren, dass die Abgeordneten nicht für mehr Lohngerechtigkeit sorgen. Dass sie nichts dafür tun, dass der Sparkassenchef weniger verdient und die Frau, die nachts kommt, um sein Büro zu putzen, mehr. Dass sie also die Entlohnung ihrer eigenen harten Arbeit nicht auf die Entlohnung anderer hart arbeitender Menschen übertragen. Aber das muss mit ihren eigenen Diäten nichts zu tun haben.

Trotzdem dachte ich an diesem Abend auf diesem Ball, dass die Öffentlichkeit, die »ganz normalen Leute«, mehr darüber wissen müssten, dass es Veranstaltungen wie diese gibt. Dass auf Kosten von Sponsoren Champagner und Austern konsumiert werden, während nur ein paar Kilometer weiter in den Plattenbauten von Kreuzberg Leute nicht wissen, wie sie ihren Einkauf bezahlen sollen. Warum essen die nicht zum Flatratepreis im »Adlon«? Wenn ich jemand anderes wäre, dachte ich, und ich würde mich sehen, champagnertrinkend in einem Polyesterkleid auf einem roten Teppich, ich würde mich direkt enteignen wollen. Vielleicht funktioniert unsere Gesellschaft am Ende vor allem, weil der Bundespresseball nicht live im Fernsehen übertragen wird, zumindest nicht in all seiner Verdorbenheit.

Es lag ein Geruch in der Luft bei diesem Ball: Unverwundbarkeit. Das Gefühl, dass die schlechten Dinge der Welt einen nur insofern betreffen, als dass man darüber ein bisschen traurig ist. Sie sind keine materielle Gefahr, sie sind ein bisschen so wie das Wetter, und es gibt bekanntlich kein schlechtes Wetter, es gibt nur schlechte Kleidung. Wer genug Geld hat, kann sich die richtige Kleidung für jedes Wetter kaufen. Bodenlange Kleider und Smokings. Die Menschen auf dem Bundespresseball können verdrängen, dass sie verantwortlich sind. Für alles. Dass ihre Entscheidungen, auch wenn sie ihnen selbstverständlich scheinen, eine Welt erschaffen, in der einem das Champagnertrinken eigentlich unangenehm vorkommen müsste.

Aber es ist so: Wenn man da steht und Champagner trinkt, dann kann man die Schuld ganz gut nach oben durchreichen. Klar, die Leute da draußen, in den Kreuzberger Plattenbauten, echauffieren sich über die politische Klasse. Über Steuererhöhungen oder Straßensperrungen oder Hartz-IV-Sätze oder Luftverschmutzung. Dabei gibt es ja viel Schlimmeres. Die Supersuperreichen. Diejenigen, die ihr Geld im Ausland lagern können. Oder diejenigen, die bei Banken dafür zuständig sind, in Rüstungsgüter und Trinkwasser zu investieren. Diejenigen, die sich dafür entscheiden können, an der Gesellschaft einfach nicht mehr teilzunehmen. Die Leute, die auf dem Bundespresseball sind, empfinden sich im Gegensatz zu Supersuperreichen als ganz normale Typen, deren Job es eben ist, Politik zu gestalten. Leider haben sie damit sogar teilweise recht.

Ich musste am nächsten Tag arbeiten und die Austernbar stank, deshalb verließen wir die Party schon um halb eins, was bedeutete, dass wir die After-Party, bei der angeblich barfuß getanzt wird, nicht mehr erlebten. Stattdessen wurden wir vom Mercedes-Fahrservice nach Hause kutschiert, in einem Achtsitzerbus. Als ich zu Hause ausstieg, stieg der Fahrer mit aus, hielt die Tür auf und drückte mir eine Packung Pralinen in die Hand. Mit Mercedes-Logo drauf. Es ist nicht möglich, ironisch auf so eine Veranstaltung zu gehen. Man ist Teil der Misere.

74,98 EURO
für einen
Baby-Badeanzug

Wir waren in einem dieser schrecklichen Läden im Münchner Glockenbachviertel. Einem dieser Läden, in denen lauter winzige, pastellfarbene Pullover hängen, in die man winzige, pastellfarbene Babys stecken kann. Daneben liegen pastellfarbene Kinderrucksäcke für 70 Euro, Kuscheltiere für 50 Euro, Rasseln für 20 Euro.

Baby-Zeug macht im Grunde viel mehr Freude als Erwachsenen-Zeug. Vor allem, wenn man es nicht für das eigene Baby kauft. Dann kann man es als Geschenk verbuchen und hat kein schlechtes Gewissen, egal, wie teuer es war.

Die Frauen, die in diesen Läden arbeiten – es sind immer Frauen –, haben das Talent, sich mit allen Einkaufenden über die Dinge zu freuen, die sie selbst schon eintausend Mal gesehen und gefaltet haben müssen. »Jaaaaa, ist das nicht süüüß?«, sagen sie, als wären sie ehrlich entzückt.

Es war Frühjahr, und ich wusste, dass die Eltern für ihr Baby bereits alles besaßen. Aber Bademode, dachte ich, Bademode haben sie bestimmt noch nicht. Denn erstens hatte das Baby noch keinen Sommer erlebt. Und zweitens brauchen Babys keine Bademode, sie können in einem T-Shirt schwimmen oder nackt. An einer Mini-Kleiderstange unweit der Kasse hingen Mini-Kleiderbügel mit Mini-Hosen und Mini-Shirts aus Nylonstoff. Mit Meerestieren drauf. »Toll!«, rief die Verkäuferin, als ich eines der Mini-Shirts in die Hand nahm. »Und so praktisch!« Denn wie sie mir erklärte, hatte das Set einen eingebauten UV-Schutz, mit dem das Baby in der Sonne sitzen könne, ohne zu verbrennen. Außerdem würde alles schnell trocknen. Badekleidung eben. An jedem der Mini-Kleidungsstücke hingen drei Pappschilder, die die Nachhaltigkeit und Fairness der Kleidung bescheinigten. Ich suchte eine zum Schwimmshirt passende Schwimmhose aus.

Man verrät die Preise von Geschenken nicht, aber ich mache hier eine Ausnahme, denn erstens ist der Beschenkte noch so klein, dass er dieses Buch sehr lange nicht lesen können wird. Und zweitens wissen seine Eltern, glaube ich, dass ich so ein Ding mit Babysachen habe. Den ersten Strampler habe ich ihnen im vierten Monat der Schwangerschaft geschenkt. Weil ich an einem dieser Läden vorbeikam, in denen angeblich alles fair und nachhaltig ist und für kleine, unschuldige Menschen gemacht.

»74,98 Euro«, sagte die Frau hinter der Kasse, als wäre das ein voll gerechtfertigter Betrag.

»Mit Karte bitte«, sagte ich.

Als wir den Laden verließen, dachte ich darüber nach, ob ich mir selbst schon einmal Badekleidung für 75 Euro gekauft hatte. Hatte ich nicht. Würde ich auch nicht machen. Wobei: Das sage ich jetzt. Fragen Sie mich nach der nächsten Gehaltserhöhung noch mal.

Wenn man genug Geld hat, wägt man niemals zwischen Gütern ab. Leute mit weniger Geld machen das immer, zum Beispiel sagte die Mutter meiner besten Freundin einmal zu ihr, dass sie dieses neue Paar Schuhe schon haben könne – allerdings müsste die gesamte Familie dafür einen Monat lang hungern.

Menschen mit überdurchschnittlich viel Geld sollten hingegen nicht rechnen und nicht zweifeln. Sie sollten nie fragen, ob es okay ist, noch einen Nachtisch zu bestellen, obwohl der Nachtisch so viel kostet wie ein Hauptgericht. Sie sollten in einem Mietauto nie Angst haben, im Stau zu stehen, zu spät zu kommen und deshalb mehr zahlen zu müssen. Sie sollten sich nie für ein Produkt entscheiden, das sie weniger schön finden, nur weil es weniger kostet. Sie sollten sich von Imbiss-Mitarbeitern zu wenig Essen für zu viel Geld aufschwatzen lassen und dabei lächeln. Es ist unvernünftig, vernünftig mit Geld umzugehen, wenn man reich ist. Und ich bin inzwischen sehr gut darin, diese Unvernunft zu simulieren. Meine Kreditkarte hinzuhalten, zu lächeln, mir einzureden, dass ich einen gerechtfertigten Preis bezahlt habe. Obwohl ich in Wirklichkeit ziemlich sicher bin, dass so gut wie jedes Kleidungsstück automatisch UV-Schutz hat, auch die von »Kik«.

Ich dachte immer, dass ich gut mit Geld umgehen kann. Weil ich mir alle Preise merken kann. Weil ich noch nie meinen Kreditkartenrahmen überzogen habe oder mein Konto. Das stimmt nicht. Ich kann überhaupt nicht gut mit Geld umgehen. Ein Haushaltsbuch führen wir nicht, und wenn mich jemand fragen würde, was ich pro Monat so ausgebe, für Lebensmittel etwa, hätte ich absolut keine Ahnung. Das Einzige, was mich beim Ausgeben einschränkt, ist eine diffuse Angst davor, eines Tages kein Geld mehr zu haben.

Als Kind konnte ich die meisten Sachen nicht kaufen, weil sie zu teuer waren. Das Konzept von »zu teuer« erschließt sich jedem Kind: Man hat eine begrenzte Menge Geld, mit der man sich versorgen muss, deshalb kauft man ein »Mini Milk« statt ein »Cornetto«. So lernt man ganz gut zu verzichten. Aber eben nicht um des Verzichts willen, nicht, weil das »Cornetto« zu süß wäre, weil man davon Bauchweh bekommt oder sich das Abendessen nicht verderben will.

Wie bringt man seinen Kindern den Wert von Geld bei,

wenn man genug Geld hat, um ihnen ein »Cornetto« zu kaufen? Ich würde mit Sicherheit daran scheitern. Meine Kinder wären verwöhnte Blagen, die im Urlaub jeden Tag drei Eis bekämen und jedes dieser Bade-Tiere, die man mit ins Meer nehmen kann. Wale, Flamingos, Einhörner, gar kein Problem, wir kaufen den gesamten aufblasbaren Zoo!

Wenn jemand, der Geld hat, ein Produkt zu teuer findet, dann ist das immer eine Aussage über das Produkt. Das Produkt ist das Geld, das dafür verlangt wird, aus Sicht dieser Person nicht wert. Schlecht verarbeitet. Unter miesen Bedingungen produziert. So was. Wenn aber jemand, der wenig Geld hat, ein Produkt zu teuer findet, dann ist das eine Aussage über die eigene Person. Ich kann mir das nicht leisten. Das eine »zu teuer« signalisiert also Überheblichkeit oder zumindest Informiertheit. Das andere Scham.

Dabei ist eine Kategorie wie »Wert« sowieso total abstrakt. Als ich in der ersten Klasse war, wollte ich unbedingt einen »Furby« haben. Das war ein Spielzeug, das aussah wie eine Eule. Angeblich sollte es lernen, die Stimme seines Besitzers zu erkennen und ihm nachzusprechen. Aber in Wirklichkeit saß es einfach nur herum, wippte vor und zurück und machte »wuahwuahwuah«. Alle meine Freundinnen hatten einen »Furby«. Und es schien mir unmöglich, ohne »Furby« ein glückliches Leben zu führen. Ich bekam eins. Von meinen Großeltern, zu Weihnachten. Meine Oma sagte damals zu allen, die um den Baum saßen, dass der »Furby« 100 Mark gekostet habe. Ich war selig. Der »Furby« kam jeden Tag mit zur Schule, bis dort ein »Furby«-Verbot eingeführt wurde. Wenn ich Freundinnen nach der Schule traf, dann brachten wir alle unsere »Furbys« mit, setzten sie nebeneinander und bildeten uns ein, sie würden sich unterhalten. Auch das war ein Versprechen des Herstellers.

Ein Jahr später, der Währungswechsel hatte inzwischen stattgefunden, gab es »Furbys« in allen Formen und Farben, in jedem Ramschladen in der Fußgängerzone. Für 10 Euro. Mein Interesse war leider analog zum Preis gesunken, das meiner Mitschülerinnen ebenso. Die 100 Mark waren der Wert des Trends gewesen, nicht der Wert des Spielzeugs.

Als im März 2022 die Preise in Deutschland wegen der gestiegenen Energiekosten immer höher wurden, forderte der Unternehmensberater Hermann Simon in einem Interview mit der *FAZ* alle Unternehmen auf, ihre Preise zu erhöhen.[32] In einer Inflation, argumentierte er, seien Konsumentinnen bereit, höhere Preise hinzunehmen und auch zu bezahlen. Man könne diese Preise mit gestiegenen Kosten begründen, auch wenn es diese Kosten gar nicht gebe. Preise entstehen schließlich aus dem Zusammenspiel von Angebot und Nachfrage, und in einer Inflation kann das Angebot sich verteuern, die Nachfrage bleibt gleich. Ob wir einen Preis bezahlen oder nicht, ob ein Produkt uns einen bestimmten Betrag *wert* ist, ist also über weite Strecken Gefühlssache. Und diejenigen, die Produkte herstellen, wissen darum.

Bei »Furbys« ist diese individuelle Wahrnehmung von Wert irgendwie niedlich; ein »Furby« ist immer genau so viel wert, wie Kinder Freude an ihm haben. Aber auch an Börsen richten sich die Preise nach Angebot und Nachfrage. Und das ist irgendwie gruselig, denn dadurch werden Börsen zu einer Art Orakel. Die Nachfrage nach Anlagen steigt, wenn man in diesen Anlagen eine Wertsteigerung vermutet. Nicht, wenn es tatsächlich eine gibt. Der Preis für Weizen stieg, als Russland die Ukraine angriff. Obwohl Weizen zu Beginn des Kriegs noch nicht knapp war. Aber Weizen wird an Weizenbörsen gehandelt, und dort schnellten die Preise in die Höhe, weil die Händler mit einer Knappheit rechneten. Wenn also viele Leute eine

Aktie kaufen, steigt ihr Wert, wenn viele sie verkaufen, fällt er wieder. Das führt teilweise dazu, dass ein Herdenverhalten entsteht, für das es keine klare Begründung gibt.

Als die britische Premierministerin Liz Truss etwa kurz nach ihrer Wahl ankündigte, Steuern für Reiche senken und gleichzeitig ein Entlastungspaket gegen die Inflation auf den Weg bringen zu wollen, verkauften sehr viele Anleger ihre britischen Staatsanleihen. Weniger Nachfrage, sinkender Preis. Zugegeben: Das ist eine sehr vereinfachte Darstellung. Letztlich sank die Nachfrage so sehr, dass die britische Währung abstürzte, der Wert der britischen Staatsanleihen mit ihr. Die britische Zentralbank musste die Staatsanleihen selbst aufkaufen, also Nachfrage simulieren, um den Wert des Pfunds wieder stabil zu bekommen.

Eine ähnliche Abwärtsspirale konnte man bei den Krypto-Währungen beobachten, nur über einen längeren Zeitraum. Immer mehr Menschen verkauften ihre Bitcoins, weshalb der Wert von Bitcoins plötzlich fiel. Manche Krypto-Plattformen verboten es ihren Kunden deshalb sogar, Geld abzuheben. Was ziemlich verrückt ist, denn die Krypto-Währungen waren ja erfunden worden, um unabhängig von Autoritäten zu werden, die das Geldsystem regulieren.

Werte können also innerhalb von ein paar Stunden oder Tagen abstürzen – lediglich, weil bestimmte Ereignisse antizipiert werden; Weizen wird teurer, bevor er wirklich knapp ist, und Anleger verkaufen ihre britischen Staatsanleihen, bevor die neue Regierung ein Konzeptpapier vorlegen kann, in dem steht, wie genau sie Steuersenkungen finanzieren will. Gleichzeitig können Werte durch Ordnungsmaßnahmen erhalten werden. Durch einen Eingriff der Zentralbank oder durch das Schließen von Konten.

Bei den Baby-Badesachen bin ich mir sicher, dass sie jeden

der 7498 Cents wert waren. Sie kamen sehr gut an. Das Baby liebt Wasser. Und mit hochgekrempelten Ärmeln hat das Oberteil sogar einigermaßen gepasst, mir wurden viele Beweisbilder geschickt. Klar, ich hätte dem Baby davon auch mehrere Pakete Babynahrung kaufen können. Oder Aktien. Aber das kann ich ja immer noch machen.

266 EURO
für einen
Ehevertragsentwurf

Es beruhigt mich, die Dinge von hinten nach vorne zu planen. Gestern schon darüber nachgedacht zu haben, was mich übermorgen beschäftigen könnte. Ich denke im vierten Schwangerschaftsmonat an Babykleidung und Ende September an Weihnachten. Meine heutigen Entscheidungen mache ich davon abhängig, was eine zukünftige Version von mir darüber denken wird. Werde ich das, was ich tue, schreibe, auch in zehn Jahren noch nachvollziehbar finden? Werde ich stolz auf mich sein? Man könnte sagen, wenn man es psychologisieren wollte, dass ich süchtig nach Bestätigung bin, allerdings nicht von Elternfiguren, sondern von einem ausgedachten, zukünftigen Ich, an dessen möglichen Urteilen ich mich messe. »Ich werde mich noch darüber freuen«, sage ich mir manchmal, wenn ich zum Beispiel Brot einfriere. Oder mich mit Leuten treffe, an denen ich eigentlich kein persönliches Interesse habe. Bei der Monatskarte fürs Solarium, 20 Euro, habe ich das auch gedacht, aber da bin ich mir nicht mehr so sicher.

Deshalb gefällt mir die Idee eines Ehevertrags. In einem Ehevertrag kann man für sein zukünftiges Ich Entscheidungen treffen, damit das zukünftige Ich nicht 5000 Euro für einen Scheidungsanwalt zahlen muss. Gleichzeitig gibt so ein Vertrag einem die Gelegenheit, sich damit auseinanderzusetzen, was für eine Beziehung man führen will, was eine Ehe eigentlich bedeutet. Klar, die Grundlagen kennt jeder – man darf sich gegenseitig im Krankenhaus besuchen, und wenn einer nicht arbeiten geht, zahlt der andere weniger Steuern. Aber die Feinheiten! Die Feinheiten sind das, was Scheidungen so kompliziert macht.

1993, also in einem Jahr, das ich zu großen Teilen nicht selbst erlebt habe, schlossen ein Unternehmensberater und eine Kunsthistorikerin einen Ehevertrag. Damals liebten sie sich noch und hatten zwei Kinder. Sie konnten nicht ahnen, dass sie eines Tages zu einem Präzedenzfall beim Bundesgerichtshof werden würden. Denn sie hatten vertraglich vereinbart, dass keiner dem anderen Unterhalt zahlen würde – die einzige Ausnahme wäre, wenn die Frau die Kinder betreute, solange die unter 15 Jahre alt wären. Sie vereinbarten die sogenannte Gütertrennung, was bedeutet, dass man seine Vermögen nicht zusammenwirft und jedem folglich nur das gehört, was er verdient und was er sich selbst vom eigenen Geld kauft. Auch einen Zugewinnausgleich sollte es nicht geben, bei einer Scheidung würden sie also das Vermögen, das in den Ehejahren hinzukommen sollte, nicht untereinander aufteilen. Der Mann schloss stattdessen für seine Frau eine Kapitallebensversicherung in Höhe von 80 000 Euro ab.[33]

2001 ließen sie sich scheiden. Der Mann hatte zu diesem Zeitpunkt 500 000 Euro Immobilienvermögen und ein monatliches Einkommen von 13 500 Euro. Die Frau hatte so gut wie gar nichts. Keinen Job, keine Karriere. Der Mann zahlte 1100 Euro Unterhalt für die beiden Kinder, wollte seiner Frau aber monatlich nur 1300 Euro bezahlen. Das Oberlandesgericht in Augsburg erklärte den Ehevertrag zwischen den beiden daraufhin 2002 für unwirksam. Die Vereinbarung im Vertrag habe die Frau »einseitig unangemessen benachteiligt«. Der Unternehmensberater musste einen Ehegatten-Unterhalt von 3849 Euro plus Ausgleich des Vermögenszugewinns bezahlen.[34]

Einen weiteren Ehevertrag hatte 2001 das Bundesverfassungsgericht für nichtig erklärt. Der Mann hatte seine schwangere Freundin nur unter der Bedingung heiraten wollen, dass sie auf Unterhalt für sich und das Kind und eine Zugewinngemeinschaft verzichtete. Der Staat, so das Bundesverfassungsgericht, müsse dort Grenzen setzen, wo der Vertrag »eine auf ungleichen Verhandlungspositionen basierende einseitige Dominanz eines Ehepartners widerspiegelt«.[35] Eine Schwangere, so das Gericht, sei in einer psychisch besonders labilen Lage.

An einem Frühlingstag im Jahr 2022 kamen diese Urteile auf unangenehme Weise zu mir, durch einen Rechtsanwalt in einem Zoomcall. M. und ich hatten auf Google nach Notaren mit sehr guten Bewertungen gesucht. Was vielleicht nicht die beste Herangehensweise war. Aber dieser Mann hatte eine schicke Website und ein Büro in der Nähe unserer Büros. Praktisch, dachten wir. Und verabredeten uns zur Vorbesprechung eines Ehevertrags. Wir schickten Details, unsere Geburtsdaten, Einkommen, Vermögen. Daraufhin bekamen wir von einer Assistentin ein Dokument zugeschickt, quasi ein Vordruck, in dem unsere Daten vermerkt waren. Die Grundlage für die Besprechung mit dem Notar.

Da sitzen wir also vor dem Laptop am Esstisch und sprechen mit diesem kachelförmigen Mann über das Wetter und die Straße, in der wir wohnen, die er auch kennt, und die besten Restaurants in der Gegend.

»Sooo …«, sagt er und neigt sich zu seinem zweiten Bildschirm, »jetzt öffne ich hier mal das Dokument …« Offensichtlich, denke ich, hat er sich auf dieses Gespräch exakt gar nicht vorbereitet. Auf der zweiten oder dritten Seite, zu der er jetzt scrollt, stehen unsere Namen und Geburtsdaten. Sonst nichts. »Tja!«, sagt er. »Sie haben natürlich einen großen Altersunterschied. Da muss ich Ihnen sagen: Wahrscheinlich würde der Vertrag für ungültig erklärt werden. Denn das Bundesverfassungsgericht hat einmal geurteilt, dass Eheverträge ungültig werden, wenn es ungleiche Verhandlungspositionen gibt. Und wenn einer älter ist, dann sind das natürlich ungleiche Positionen. Derjenige verdient mehr, hat vielleicht schon Eigentum und will sich dagegen absichern, dass derjenige mit weniger Einkommen etwas bekommt. Der Ältere ist in seiner Karriere viel weiter. Da ist ja dann auch klar, wer zu Hause bleibt, falls noch Kinder kommen. Und da sagt das Bundesverfassungsgericht: Das geht so nicht. Da haben sie festgehalten, dass ein Ehevertrag nicht zum Nachteil eines Partners sein darf. Also, es gibt da Regeln, die dazu da sind, Sie, Frau Mayr, in diesem Fall die jüngere Person, die gerade erst ins Berufsleben startet, zu schützen …«

Ich versuche ihn zu unterbrechen, indem ich in seinen Redefluss hinein mehrmals hintereinander »Aber entschuldigen Sie« sage. Irgendwann hört er zu. »Wenn Sie weiter runterscrollen«, sage ich, »dann sehen Sie ja, dass wir fast das Gleiche verdienen. Und dass ich einen festen Job habe.« Er scrollt. Sagt dann: »Ja, gut.« Wir haben uns für einen Ehevertrag qualifiziert.

Als sich Anfang des 16. Jahrhunderts das Geldsystem immer weiter etablierte, wurde in Europa die sogenannte Allmende privatisiert. Vorher gab es Felder, auf denen Kleinbauern gemeinsam Landwirtschaft betrieben, um ihr jeweiliges Überleben zu sichern. Nun wurden diese Kleinbauern zu Arbeitskräften, die gegen Geld arbeiten sollten. Die Philosophin Silvia Federici argumentiert, dass den Bauern damals eine neue »Allmende« zur Verfügung gestellt wurde, quasi im Tausch gegen das Land, das sie verloren. Nämlich die Frauen.[36] Die Frauen hatten vorher mit den Männern auf den Feldern gearbeitet, hatten Getreide angebaut, Tiere gehalten, sich ernährt von dem, was da war. Nun, da die Männer ihre Arbeitskraft verkaufen sollten, wurden die Frauen gewissermaßen zu ihren Leibeigenen gemacht. Das funktionierte, weil es Frauen verboten wurde, selbst gegen Geld zu arbeiten. Handwerksgilden wurden von Stadtverwaltungen dazu angehalten, zu kontrollieren, ob Frauen, vor allem Witwen, heimlich Handwerksarbeiten in ihren Häusern durchführten. Diese wären für die männlichen Handwerker nämlich zur Konkurrenz geworden, da Frauen viel geringere Löhne bekamen. Sie durften auch kein Eigentum besitzen. Dadurch wurden sie zu Angestellten ihres Ehemannes. Sie arbeiteten in den Werkstätten mit, aber eben unbezahlt. So konnte der Mann mehr Aufträge annehmen, als er allein hätte erledigen können. Auch die Kinder mussten helfen. Ohne die Arbeit der Frauen und Kinder, so schreibt es Federici, hätten die Familien niemals genug Geld erwerben können, um zu überleben. Weil die Bezahlung so gering war, dass die Arbeit einer Person nicht reichte, um mehrere Menschen zu ernähren.

Zur Entmachtung der Frauen gehörte auch, dass ihnen die Kontrolle über die eigene Reproduktion genommen wurde. In Frankreich gab es 1556 einen Erlass des Königshauses; jede Schwangerschaft musste registriert werden. Und wenn ein Kind, das heimlich zur Welt gebracht wurde, vor seiner Taufe starb, wurde die Mutter zum Tode verurteilt. In England und Schottland folgten ähnliche Gesetze.[37] Bei einer Geburt galt nun außerdem das Leben des Kindes als Priorität, nicht mehr das der Mutter. Frauen, die sich selbst versorgten, alleinlebende Frauen, mit Wissen über Verhütung, medizinische Kräuter und Landwirtschaft, wurden verfolgt und beschuldigt, Flüche ausgesprochen oder Kinder getötet zu haben. Sie wurden öffentlich gefoltert und hingerichtet.

Heute gelten Frauen als das schützenswerte, schwache Geschlecht. Das Bundesverfassungsgericht und der Bundesgerichtshof haben durch ihre Ehevertrags-Urteile dazu beigetragen, dass Eheverträge zwischen zwei erwachsenen Menschen jederzeit je nach Wertvorstellung des jeweiligen Richters für »sittenwidrig« erklärt werden können. Das haben sie vor allem getan, um die Frauen zu schützen, die daheimbleiben, während ihre Männer Geld verdienen.

Das Ehegattensplitting benachteiligt zwar Alleinerziehende – sie zahlen mehr Steuern als alleinverdienende Ehemänner –, aber die Frauen benachteiligt es nicht direkt. Denn es klingelt ja niemand vom Finanzamt an der Tür und bittet Frauen, ihre Jobs aufzugeben, damit ihre Männer weniger Steuern zahlen muss. Für die Steuergesetzgebung ist es erst einmal irrelevant, was man zwischen den Beinen trägt. Ehegattensplitting bedeutet einfach nur, dass die Einkommen von verheirateten Menschen zusammengeworfen werden, bevor davon die Steuern abgehen. Wenn beide ein gemeinsames Konto haben, auf das ihre Löhne eingezahlt werden und auf das sie Zugriff haben, dann haben beide durch das Splitting Steuervorteile und es lohnt sich für beide immer noch, arbeiten zu gehen. Wenn der Partner mit dem kleineren Einkommen mehr arbeitet oder auf einmal mehr verdient, dann hat das Paar mehr Geld, zahlt aber natürlich auch mehr Steuern. In einer theoretischen Welt ist das Ehegattensplitting also zwar ein Steuervorteil, der reichen Leuten zugutekommt (vor allem reichen Leuten, denn da ist die Steuerersparnis natürlich am höchsten), der aber faktisch nicht die Hausfrauen-Ehe begünstigt oder Frauen benachteiligen will.

Leider gibt es um Gesetze herum immer eine Realität. 60 Prozent der Paare in Deutschland leben das sogenannte Zuverdienstmodell. Einer erwerbsarbeitet in Vollzeit, eine verdient ein bisschen was, betreut die Kinder und erledigt die Sorgearbeit. Die Zuverdienerinnen bekommen, wenn sie nur einen Minijob bis zu 520 Euro haben, die Krankenversicherungsbeiträge geschenkt, die sie eigentlich zahlen müssten. Sie sind über die Hauptverdiener mitversichert. Wenn die Ehegatten das Ehegattensplitting anwenden, dann wird das Einkommen der Zuverdienerinnen zu einem hohen Prozentsatz versteuert, das Einkommen des Hauptverdieners hingegen zu einem geringeren Prozentsatz. Das ist der Vorteil, wenn zwei Personen zusammen versteuert werden: Man muss weniger arbeiten, um am Ende des Monats mehr Geld übrig zu haben. Das kann man sogar gerecht finden, schließlich kümmern verheiratete Menschen sich umeinander, sodass der Staat es nicht tun muss – dafür darf man schon mal ein paar Euro bekommen.

Aber in den meisten Fällen landen die gesparten Steuern auf den Konten der Männer. Das bedeutet, dass es sich für die Frauen so anfühlt, als würde es sich nicht rentieren, mehr zu arbeiten. Weil von ihrem Lohn viel mehr Geld abgezogen wird – obwohl dieses Geld natürlich eigentlich vom zusammengerechneten Lohn der beiden Partner abgezogen wird, nicht nur von ihrem. Eine Zuverdienerin muss mindestens 520 Euro Minijobgehalt plus 180 Euro Krankenversicherungsbeitrag verdienen, bevor es sich für sie überhaupt rechnet, sozialversicherungspflichtig zu arbeiten. Und wenn sie dann arbeitet, kann sie sich immer noch fragen, ob sich der Stress lohnt: Sich einen Anwalt suchen zu müssen, um beim Verwaltungsgericht auf einen Ganztags-Kita-Platz zu klagen, die Wäscheberge, für die niemand Zeit findet, die Fußböden, die nicht gewischt werden, die Einkäufe, die auf dem Nachhauseweg erledigt werden müssen, anstatt entspannt am Vormittag. Arbeit ist Stress, Arbeit ist eine Pflicht, Arbeit ist mühevoll – vor allem, wenn man in einem Job arbeitet, den man nicht liebt, der aber gut in Teilzeit zu machen ist. Da arbeitet man dann lieber etwas weniger. Im

Jahr 2021 verdienten 71,3 Prozent aller Frauen weniger als 2000 Euro netto im Monat. Im Vergleich zu 50 Prozent der Männer. 10,6 Prozent der Frauen hatten gar kein eigenes Einkommen, verglichen mit etwa 5 Prozent der Männer.[38] Im Jahr 2017 waren in Westdeutschland 40 Prozent der Frauen nur in Teilzeit beschäftigt, in Ostdeutschland 27 Prozent.[39]

Das Zuverdienermodell ist also in Wirklichkeit ein Anstellungsverhältnis: Der Hauptverdiener bezahlt die Zuverdienerin fürs Putzen und Kochen und Kindererziehen. Sie ermöglicht ihm durch ihre Arbeit die Vollzeiterwerbstätigkeit und wird dafür mit Kost und Logis entlohnt. Leider haben Zuverdienerinnen keine Arbeitnehmerinnenrechte. Sie haben keine festen Urlaubstage und bekommen kein festes Gehalt. Sie haben nur die Gesetzgebung, die sie im Falle einer Scheidung schützt.

Und die ist wirklich nicht so schlecht, denke ich, in dem Zoomcall mit dem Anwalt. Sie ist sogar so gut, dass ich mir ein bisschen bevormundet vorkomme. »Falls wir Kinder bekämen«, so haben wir es der Anwaltsgehilfin vorher schon geschrieben, damit sie es in den Vertragsentwurf schreibt, »würden wir uns zu gleichen Teilen um sie kümmern und im Falle einer Scheidung ein Wechselmodell bevorzugen.« Der Anwalt nickt und lacht und zuckt mit den Schultern, als er das liest. »Jaaa, das habe ich auch gesagt, bevor ich Kinder bekommen habe«, sagt er. »Aber jetzt macht meine Frau eben doch das meiste. Das passiert dann einfach. Und für den Fall, dass das so passiert, ist der andere nun mal unterhaltspflichtig. Also wenn jetzt Sie, Frau Mayr …« Ich rede wieder dazwischen, sage: »Oder mein Partner!« Der Kopf und der Oberkörper des Anwalts sacken kurz zusammen, als wäre meine Bemerkung schwer zu tragen. »Ja, also, wenn einer von Ihnen eben doch hauptsächlich die Kinder betreut, dann wäre der Vertrag sowieso ungültig. Also müssten wir das offenhalten. Überhaupt könnte sich ein Gericht wundern, dass Sie in einem Ehevertrag versuchen, über Menschen zu entscheiden, die noch gar nicht geboren sind. Es geht schließlich um das Kindeswohl.«

»Aber Herr B.!«, bricht es aus mir heraus. »Diese Menschen, die noch gar nicht geboren sind, das wären ja unsere Kinder. Wenn wir nicht verheiratet wären, dann würden wir ja auch über sie entscheiden. Da hätte das Gericht dann gar nichts mitzureden. Und wenn wir als theoretische Eltern denken, dass wir für theoretische Kinder im Fall einer theoretischen Scheidung gerne ein Wechselmodell hätten …«

Er: »… dann könnte ein Gericht das ablehnen mit Blick auf das Kindeswohl.«

M.: »Aber wir können doch als Eltern mit unseren Kindern machen, was wir für richtig halten. Wenn wir uns einig sind, hat ein Gericht dazu doch nichts zu sagen.«

Er: »Na ja, das sagen zum Beispiel auch Leute, die ihre Kinder missbrauchen, für pädophile Videos oder dergleichen. Die wollen nach der Scheidung auch gerne ein Wechselmodell, damit sie sich das Geld teilen können.«

Ich: »Aber wir wollen unsere Kinder ja nicht missbrauchen, wir wollen sie nur zu gleichen Teilen erziehen.«

Er: »Das weiß das Gericht nicht. Ich muss Ihnen sagen, das Wechselmodell, wir können es in den Vertrag reinschreiben, wenn Sie unbedingt wollen, aber das ist so ein Prenzlauer-Berg-Trend …«

M.: »Aber wir leben ja auch quasi in Prenzlauer Berg.«
Er lacht nicht einmal.

Er: »Stellen Sie sich vor, Sie bekommen behinderte Zwillinge. Wie wollen Sie es denn da hinbekommen, die zu gleichen Teilen zu erziehen? In dem Fall wäre der Vertrag dann ungültig.«

Ich: »Finden Sie es überhaupt sinnvoll, einen Ehevertrag zu machen?«

Er: »Ich bin kein Freund davon.«

Als wir beschlossen haben zu heiraten, haben mich viele Leute gefragt, warum wir das tun. Die Frage ist gut. Wir haben dadurch exakt null steuerliche Vorteile, wir sind nicht gläubig. Ich habe nur eine Antwort: Die Welt ist voller Katastrophen, und Heiraten ist letztlich das Versprechen, dass man füreinander keine Katastrophe sein wird. Dieses Versprechen sollte auch für den Fall gelten, dass man sich scheiden lässt. 40 Prozent aller Ehen werden geschieden, für die Frauen wird das oft zu einer Katastrophe, 34 Prozent der Alleinerziehenden lebten im Jahr 2020 von Hartz IV, fand eine Studie der Bertelsmann Stiftung heraus.[40] Letzteres ergibt Sinn, denn die Frauen, die Zuverdienerinnen sind, profitieren zwar von dem, was ihr Mann in die Rente einzahlt – aber sie machen keine Karriere mehr. Sie verlieren Netzwerke, sie verlieren Wissen und Fähigkeiten und (eigentlich am schlimmsten) Selbstvertrauen. Es ist in unserer Gesellschaft ein riesiger Nachteil, nicht erwerbstätig zu sein. Es ist ein großer Nachteil, für einen Partner zu arbeiten, der einem jederzeit kündigen kann. Deshalb braucht man, finde ich, einen Ehevertrag: um sich zu disziplinieren. Sich bewusst zu machen, dass eine Ehe eine Ehe ist und ein Arbeitsvertrag ein Arbeitsvertrag.

Es gibt natürlich Frauen, für die ist es nicht möglich zu arbeiten. Vielleicht sind sie schwer krank oder sie haben Kinder mit sehr hohen Betreuungsbedürfnissen. Vielleicht haben sie eine toxische Beziehung mit ihrem Mann, vielleicht verbietet er ihnen zu arbeiten, vielleicht schlägt er sie, vielleicht können sie nicht weg, um sich etwas Eigenes aufzubauen. Es gibt Frauen, die werden von ihren Männern sitzengelassen mit vier Kindern und einem Halbtagsjob und einer Räumungsklage. Es gibt

Frauen, die hatten nie die Chance auf eine eigene Karriere, weil sie einfach Pech hatten, schlagende Väter, traumatisierende Erlebnisse, ungewollte Schwangerschaften, kranke Familienangehörige, Schwarzarbeit, Niedriglohnjobs. All diese Frauen brauchen Hilfe und finanzielle Sicherheit. Sie brauchen niemanden, der ihnen sagt, dass sie ihr Leben »einfach selbst in die Hand nehmen« sollen. Oder dass es ihr eigener Fehler war, nicht zu studieren, nichts Vernünftiges zu lernen. Ihre eigene Entscheidung, Kinder zu bekommen.

Dann gibt es Frauen, die nicht arbeiten müssen, um ein gutes Leben zu führen, zumindest, solange ihre Ehe dauert. Weil ihr Mann genug verdient. Frauen mit Privilegien, Frauen ohne Sorgen. Sie kämpfen nicht die gleichen Kämpfe wie die Frauen, die Pech hatten, auch wenn sie gerne so tun. Die Frauen mit Ehe-Privilegien behaupten, dass »Arbeit ja nicht alles« sei, dass ihnen »Geld nicht so wichtig« sei und die Zeit mit den Kindern viel »wertvoller«. Sie denken, die Probleme der Frauen, die Pech hatten, wären bereits gelöst, wenn es ein kleines Gehalt für Kindererziehung gäbe. Eine dieser Frauen schrieb mir einmal in einer E-Mail, dass sie durch ihr Daheimbleiben ein charakterlich stärkeres Kind großziehen würde als Mütter, die ihr Kind in die Kita geben. Wovon die Gesellschaft in der Zukunft profitieren werde. Die Frau war Akademikerin und hätte sich selbst herleiten können, dass solche Ansichten fast schon einem faschistoiden Frauenbild entsprechen; die stolze deutsche Mutter, die brave kleine Soldaten für den Kapitalismus erzieht.

Eine andere Frau schrieb mir, sie bringe ihr Kind nicht in die Kita, da ihr das Essen dort nicht gefalle, es sei nicht frisch und auch nicht gesund. Ich konnte das sogar verstehen, fand es aber dennoch arrogant. Denn öffentliche Infrastruktur verbessert sich meistens erst dann, wenn Menschen mit Geld sie nutzen. Menschen mit Geld haben diskursive Macht, sie können durch ihre Befindlichkeiten und durch Beschwerden dafür sorgen, dass die Welt um sie herum sich tatsächlich ändert. Viele Eltern haben hingegen gar nicht die Wahl, ihr Kind zu Hause zu betreuen, sie müssen es in die Kita bringen, sie müssen arbeiten, denn sonst bekommt das Kind nach der Kita zu Hause nichts zu essen. Diese Frauen finden das Kita-Essen vielleicht auch schlecht, aber sie werden es eher in Kauf nehmen. Denn sie haben keine Zeit, der Kitaleitung wütende Briefe zu schreiben und einen neuen Caterer zu testen und vorzuschlagen. Auch Engagement ist ein Privileg.

Frauen, die vom Geld ihres Mannes leben, obwohl sie die Wahl hätten, es anders zu machen, finden sich mit dem Patriarchat ab. Sie kritisieren vielleicht das System, sie reflektieren, dass Lohnarbeit nicht alles im Leben ist. Aber sie ruhen sich auf diesen Gedanken aus, anstatt die Welt für andere Frauen erträglicher zu machen.

Ich bin sehr dafür, dass wir Lohnarbeit dekonstruieren. Dass die Art und Weise, wie wir Geld verdienen, nicht das ist, was uns am meisten auszeichnet. Sondern das, wofür wir leben, woran wir Freude haben. Aber es gibt immer zwei Ebenen der Kritik, zwei Ebenen des politischen Handelns. Auf einer Ebene muss man das System an sich in Frage stellen. Das Prinzip der Arbeitsteilung, das Prinzip der Erwerbsarbeit, die Macht des Geldes über die Persönlichkeit, die Macht des Geldes über unsere Beziehungen. Aber man darf dabei nicht vergessen, dass es das System, das man so munter kritisiert, weiterhin gibt. Dass man sich davon nicht abkapseln und die eigenen Ideale hochhalten kann, während man die Realität ignoriert. So ist es auch mit den Hausfrauen. Natürlich wäre es schön, wenn alle Leute viel mehr Zeit für ihre Kinder hätten. Aber die Dekonstruktion von Lohnarbeit beginnt nicht bei teilzeitarbeitenden Ehefrauen von Gutverdienern. Ehefrauen, die sich gegen eine Lohnarbeit entscheiden, von der sie selbst leben könnten, entscheiden sich nicht gegen das System der Ausbeutung von Arbeitskraft, sondern für die Ausbeutung der Arbeitskraft ihrer Ehemänner und für die Privilegien, die man als Zuverdienerin in Deutschland hat, nämlich mehr Geld bei weniger Arbeit.

Unser Gespräch mit Herrn B. dauerte bereits eine Stunde, als er uns erklärte, in welchen Fällen es sinnvoll sei, einander doch Unterhalt zu zahlen. Er sagte, M. könnte etwa vier Jahre seine Mutter pflegen. In der Zeit der Pflege würde M. logischerweise seine eigene Karriere vernachlässigen, während ich weiterarbeiten würde. Dadurch, sagte Herr B., würde M. ein »ehebedingter Nachteil« entstehen.

Ich: »Aber er kann doch froh sein, dass ich ihn ausgehalten habe, während er seine Mutter gepflegt hat!«

Er: »Na ja, Frau Mayr, aber was, wenn es Ihre Mutter ist?«

M.: »Ich glaube, Deutschland hat einfach ein sehr anderes Gerechtigkeitsempfinden als wir.«

Er: »Das Gleiche wäre der Fall bei behinderten Zwillingen. Wenn Frau Mayr sich um die behinderten Zwillinge kümmert, dann wäre das ein ehebedingter Nachteil, und dann hätte sie für diese Zeit Anspruch auf nachehelichen Unterhalt.«

Wir baten ihn, sämtliche Ansprüche auf nachehelichen Unterhalt auszuschließen.

Er sagte, dass das nicht ginge. Nicht für den Fall, dass Kinder betreut werden.

Wir sagten: Na gut. Sämtliche Ansprüche ausschließen, außer es gibt Kinder, die jünger sind als drei Jahre.

Das Gespräch dauerte insgesamt zwei Stunden. Weil wir uns nicht einig wurden mit ihm. Eine Woche später bekamen wir den Vertragsentwurf. Darin stand, dass es keine Unterhaltsansprüche geben würde, außer die Kinder seien jünger als 12 Jahre. Also nicht das, was wir vereinbart hatten, sondern das, was Herr B. für richtig hielt. Ich vermute mal, er meinte es nur gut mit mir.

Jeden Tag leisten Menschen auf der Welt um die 16,4 Milliarden Stunden Sorgearbeit. Davon erledigen Frauen weltweit mehr als 76,2 Prozent.[41] Von der unbezahlten Sorgearbeit entfallen nur 13 Prozent auf »direkte« Sorgearbeit. Also füttern, wickeln, kuscheln, spielen – Aufgaben, von denen man sagen könnte, dass sie zu den Dingen gehören, die das Leben im eigentlichen Sinn schön machen. 82 Prozent bestehen aus Hausarbeit. Kochen, putzen, waschen. Seit dem Ende der Subsistenzwirtschaft hat sich Arbeit immer mehr spezialisiert. Niemand muss noch selbst Brot backen. Komischerweise ist die Arbeit im Haushalt von dieser Spezialisierung ausgenommen geblieben. Was dazu führt, dass die Arbeitsbedingungen nie besser geworden sind. Sie beruhen auf der Ehe oder, bei Haushaltshilfen, zu 90 Prozent auf Schwarzarbeit. Dabei ist das Putzen, das Waschen, das Instandhalten eines Haushalts durchaus ein Beruf, der spezielle Kenntnisse erfordert. Nicht jeder kann das, nicht jeder hat Talent dafür, nicht jeder kann das lernen. Dass die Löhne in diesem Bereich trotzdem so gering sind, liegt auch an der billigen Konkurrenz: die Ehefrauen, die lieber selbst putzen, arbeiten quasi kostenlos. So wie Umzugshelferinnen immer in Konkurrenz zu Freunden stehen, die sich darauf einlassen, ihre Samstage mit Kistenschleppen zu verbringen, stehen Putzmänner in Konkurrenz zu den Frauen mit Hochschulabschluss, die ihre Vormittage mit dem Einölen des Parkettfußbodens verbringen.

Wir haben uns dann eine andere Notarin gesucht. Sie hatte ein kleines, unaufgeräumtes Büro am Rand von Berlin, in dem wir uns auf zwei Stühle setzen mussten. Zwischen den Stühlen war ein Tisch, als wären wir Gegner. »Was wollen Sie denn regeln?«, fragte sie.

»Wir wollen gern finanziell so wenig wie möglich miteinander zu tun haben«, sagte ich. Sie lächelte, nickte und schrieb mit einem breiten Füller in Schreibschrift auf ein leeres, unliniertes Blatt Papier. »Sehr gut«, sagte sie. Ein Ehevertrag, so erklärte sie es uns, könne immer von den Umständen überholt werden; aber im Idealfall senkt er die Kosten einer Scheidung auf ein Minimum, weil es nichts gibt, worüber man sich noch streiten muss.

An dem Tag, an dem ich begann, dieses Kapitel zu schreiben, an dem ich mir die Notizen aus unserem Gespräch mit Herrn B. noch einmal ansah, rief mich nachmittags eine Berliner Nummer an. Ich stand vor unserer Wohnungstür, als ich ranging. Es war die Assistentin von Herrn B., die den Vertragsentwurf gemacht hatte. Sie wollte wissen, was denn nun damit sei. Ich überlegte kurz zu lügen. Ihr zu sagen, dass mein Freund mich verlassen hat, dass die Hochzeit abgesagt sei. Um das Gespräch möglichst schnell zu beenden. Das wäre leichter gewesen. Aber ich brachte es nicht übers Herz. Ich sagte, dass das Gespräch mit Herrn B. uns verstört habe, weil wir den Eindruck hatten, er versuche, seine eigenen Ideale auf unsere Beziehung zu übertragen. Ich sagte, dass wir überrascht waren, dass in dem Vertragsentwurf Dinge standen, die wir so nicht vereinbart hatten. Ich sagte, dass wir auf dieser Grundlage keine weitere Zusammenarbeit für möglich hielten und dass wir deshalb das Notariat gewechselt hätten. Ich fühlte mich sehr erwachsen und sehr offiziell. Die Assistentin sagte, dass so ein Vertragsentwurf ja auch gebührenpflichtig sei. Dass sie mit Herrn B. noch einmal darüber sprechen müsse. Zwei Tage später bekamen wir einen Brief. Herr B. möchte, dass wir für seine Beratung 266 Euro bezahlen. Haben wir gern gemacht. Schließlich haben wir dabei einiges gelernt.[42]

149 EURO
für einen Elektrogrill

Wenn wir auf dem Balkon sitzen, schauen wir auf Gärten mit Sondernutzungsrecht. Das ist eins dieser Wörter aus der Hölle. Es bedeutet, dass man zwar ein kleines Stück Gras vor seiner Erdgeschosswohnung besitzt, dass dieses Gras jedoch strengen Regeln unterliegt. Man darf dort nicht einfach so einen Baum pflanzen, was auch daran liegt, dass nach ein paar Metern Erde bereits die Tiefgarage kommt.

Es ist ein nettes Haus. Die Kinder dürfen manchmal unter der Woche bis spätabends auf den Spielplatz, und die Leute, die sich über die Kinder beschweren, werden von den meisten Bewohnern belächelt oder ignoriert. Eine Familie hat eine Katze, die sich auf dem Sondernutzungsrechtsgartenstück aufhalten kann, und wenn unsere Katzen vom Balkon aus nach unten schauen und den Hof beobachten, frage ich mich immer, ob sie wissen, dass da eine Katze ist, die ihnen gegenüber ein Privileg hat, nämlich echtes Gras unter den Pfoten zu spüren, nicht nur Balkonfliesen. Aber vielleicht sind Katzen wie Menschen, was diese Dinge angeht; wenn jemand mehr hat als sie, dann werden sie nicht wütend, auf jeden Fall nicht wütend genug für eine geordnete Revolution.

Unsere Nachbarn haben allerhand Dinge auf ihren Terrassen und Balkonen stehen, von denen ich glaube, dass sie ein Leben symbolisieren sollen, wie sie es sich vorgestellt haben. Eine Familie etwa hat große, gemütliche Plastikgartenstühle und Blumenkästen mit bunten Veilchen. Der Balkon sieht aus, als wäre die Terrasse eines Einfamilienhauses in Wattenscheid zusammengeschrumpft worden. Jedes Frühjahr ist der Mann, der zu diesem Balkon gehört, damit beschäftigt, die blauen Plastikgartenstühle gründlich mit einem Lappen zu reinigen.

Dann gibt es die Leute mit Weber-Grill. Drei Familien, um genau zu sein, haben einen Weber-Grill. An 350 Tagen im Jahr stehen diese Grills herum, es gibt sogar Schutzüberzüge für sie, in Hellgrau, damit sie unauffällig herumstehen können, ohne nass zu werden. Sie nehmen trotzdem viel Platz weg, auf den Balkonen und Terrassen. Im Fall einer Scheidung werden sich die Paare wahrscheinlich darüber streiten, wer den Weber-Grill mitnehmen muss, weil ihn in Wirklichkeit niemand mehr richtig haben will. Hoffentlich haben sie das im Ehevertrag geregelt.

Die Familie mit der Katze grillt kaum noch. Ich glaube, nach allem, was ich aus unserem Küchenfenster beobachten kann, wenn sie auf ihrer Terrasse sitzen, dass sie Vegetarier geworden sind. Sie kaufen viele dieser *Rügenwalder Mühle*-Produkte in den grünen Verpackungen.

Wir hatten einen Elektrogrill von Aldi. So einen ganz kleinen, der eigentlich eher ein besseres Raclettegerät war. In den Sommern 2020 und 2021 haben wir ihn oft benutzt. Andauernd haben wir irgendwen zum Grillen eingeladen, was für die Leute, glaube ich, oft enttäuschend war, weil es nur Soja und Gemüse gab und ein bisschen Grillkäse. Dann hat M.s Mutter uns einen neuen Grill schenken wollen. Das war so eine Idee von ihr, die ich charmant fand, denn Grillen war eben etwas, das sie oft bei uns erlebt hatte. Aber ein bisschen wunderte es mich auch, denn der alte Grill war gar nicht kaputt. Er funktionierte hervorragend. Trotzdem haben wir ihn auf die Straße gestellt, ein Zum-Mitnehmen-Schild daran, und sie hat einen WMF-Grill für uns bestellt. Ich habe nachgeguckt, was er gekostet hat: 149 Euro.

Wir besitzen Ofenhandschuhe, zwei Stück. Sie tun alles, was Ofenhandschuhe tun sollen: Sie halten die Hitze ab. Optisch sind sie so unauffällig, dass man sie sofort vergisst. Eines Abends lag ich mit M. im Bett, wir wollten schlafen, und ich fragte ihn, weil es mir gerade einfiel, was eigentlich auf unseren Ofenhandschuhen stünde. Da sei doch, sagte ich, ein Schriftzug drauf, aber ich hätte keine Ahnung, welcher. Er dachte nach. Nein, auch er hatte keine Idee. Er wusste natürlich, welche Farbe die Handschuhe haben (braun) und wo sie liegen und dass ein Schriftzug darauf ist. Aber welcher? Die Sache ließ uns nicht los. M. ging also in die Küche, holte einen der Ofenhandschuhe, zeigte ihn mir und sagte: »It's coffee time!« Das war der Schriftzug.

Ich will seit zwei Jahren neue Ofenhandschuhe kaufen, jedes Mal, wenn ich bei IKEA oder H&M-Home oder in einem anderen Laden bin, in dem es »Küchenaccessoires« gibt. Aber in der letzten Sekunde halte ich mich immer davon ab. Ich denke an die Ofenhandschuhe, die wir zu Hause haben. Daran, dass sie alles tun, was Ofenhandschuhe tun sollen. Daran, dass sie 98 Prozent ihrer Lebenszeit in einer Schublade unter dem Ofen verbringen, unsichtbar. Daran, dass meine Eltern seit 30 Jahren die gleiche, gusseiserne Pfanne mit Holzgriff besitzen und den gleichen kleinen Topf. Meine ganze Kindheit lang gab es immer nur so viele Kartoffeln, wie dieser Topf fassen konnte. Egal, wie viele Leute am Tisch saßen. Deshalb habe ich eine tiefsitzende Abneigung gegen den Topf – die Pfanne hingegen liebe ich, an die Pfanne habe ich nur gute Erinnerungen, denn Bratkartoffeln und Backfischfilets kann man nacheinander braten und warm halten, die Größe der Pfanne limitiert da nicht die Menge des Essens. Alles klebt in dieser Pfanne, und sie ist so schwer, dass ich sie nur mit zwei Händen heben kann. Sie geht nicht kaputt, egal, wie oft sie gespült wird, egal, wie oft man darin mit

Metallbesteck kratzt und Pfannkuchen umdreht. Weshalb es Quatsch wäre, eine neue zu kaufen. Was, frage ich mich, soll an den neuen Ofenhandschuhen besser sein als an den alten? Auf welcher Ebene sollten sie mir mehr Freude bringen?

Ich versuche mich selbst aus dem Gefühl herauszuvernunften, alles immer erneuern zu müssen. Wir wollten eigentlich ein neues Bett kaufen, haben ewig nach einem gesucht, es musste perfekt sein, mit Schubladen drunter und mit Kopfteil, aber nicht zu lang, weil das Schlafzimmer klein ist. Am liebsten aus Holz. Wir sahen uns alle Betten auf allen Internetseiten aller großen Möbelhäuser und aller kleinen Berliner Möbelmanufakturen an. Aber am Ende passte uns immer irgendetwas nicht. Meistens waren die Störfaktoren darauf zurückzuführen, dass die Betten nicht unser Bett waren. Für jedes dieser potenziellen neuen, teuren Betten hätten wir einen Komfort-Kompromiss eingehen müssen. Und trotzdem waren wir sehr kurz davor, eins zu kaufen.

Uns allen, die wir in westlichen, industrialisierten Gesellschaften sozialisiert wurden, wurde in den vergangenen Jahrhunderten eingeredet, dass unser Erfolg ganz maßgeblich mit unseren eigenen Leistungen zusammenhängt. Meritokratie heißt dieses Prinzip. Wer mehr leistet, der kann sich mehr Sachen kaufen, mehr Belohnungen. Schon in der Schule stehen die Kinder in einem Wettbewerb miteinander. Es gehört dabei durchaus zur Berufsbeschreibung von Lehrerinnen, ihren Schülerinnen das Leistungsprinzip zu vermitteln, das schließlich Teil der Gesellschaft ist, in der sie aufwachsen und vor der man die Kinder nicht beschützen kann. Dabei ist das Gerede von der Leistungsgesellschaft eine große Lüge. Natürlich gibt es einzelne Aufsteiger und Absteiger, aber im Allgemeinen sind reiche Kinder schon in der Schule besser als arme Kinder, sie werden später häufiger ein Studium beginnen und wahrscheinlich werden sie auch auf lange Sicht mehr Geld verdienen und mehr Vermögen anhäufen als diejenigen mit schlechteren Startchancen.[43]

In der Schule lernt man bereits, diese Privilegien anhand von Noten zu rechtfertigen. Schule ist outcome-orientiert; welche Voraussetzungen zu einer guten Note geführt haben, darüber spricht man nicht. Deshalb gewinnen in der Schule meistens diejenigen mit den besseren Voraussetzungen, selbst wenn sie vielleicht einen niedrigeren IQ haben oder sich weniger Mühe geben. Leistung ist politisch, Leistung teilt Menschen in weiterführende Schulen, Schichten und Einkommensklassen ein. Dabei gibt es Kinder, die sich viel mehr anstrengen müssen, um eine Eins zu schreiben, als andere. Weil um sie herum mehr Lärm ist, weil sie sich um ihre Eltern kümmern müssen oder um ihre Geschwister, weil sie niemanden haben, der ihnen etwas erklären könnte. Aber davon will bei der Notengebung niemand etwas wissen. Das Ausmaß der Anstrengung, das nötig ist, um eine bestimmte Leistung zu erbringen, ist privat.

Um sich für all die Leistung zu belohnen, die sie nachweislich erbringen – sonst würden sie ja nicht so viel Geld verdienen –, kaufen Menschen wie wir und unsere Nachbarn Zeug. Zeug als Beweis dafür, dass man da ist. Zeug als Beweis dafür, dass man Zeug auswählen kann, das richtige Zeug am richtigen Ort zur richtigen Zeit. Ein Sofa, das besonders bequem ist. Neue Ofenhandschuhe, ein neues Bett. Ein Weber-Grill. Leider zerstört all das Belohnungszeug auf die eine oder andere Weise den Planeten. Es muss produziert werden, verschifft, betrieben. In jedem neuen Produkt steckt ein bisschen Zerstörung.

Konservative Menschen reklamieren gern für sich, dass progressives Denken »spaßbefreit« sei. Immer an die Umwelt denken, immer alles richtig machen, Sport treiben. Sich selbst optimieren, um die Welt zu optimieren. Schlichte, ökozertifizierte *Armedangels*-Kleider tragen, keine Pailletten. Salat essen statt grillen.

Einerseits ist dieser Vorwurf Quatsch. Denn natürlich kann man das Leben auch genießen, wenn man sein Geld nicht für umwelt- und menschenschädlichen Mist ausgibt. Andererseits ist er wahr. Denn progressives Denken sucht das Glück in der veränderten Zukunft, beantwortet jedoch nicht die Frage danach, wie dieses Glück aussehen soll.

Ein glückliches Leben zu führen ist kein Bedürfnis, das erst im Spätkapitalismus entstanden ist. Schon lateinische Dichter haben sich darüber Gedanken gemacht. In Martial X, 47, einem Text, der nur einige Jahrzehnte nach Christi Geburt entstanden ist, geht es um genau diese Problematik:

ein Batzen Geld, nicht durch Arbeit erworben, sondern ererbt;

ein Stück Land, das viele Früchte trägt, und ein Feuer, das immer brennt;

kein Streit, niemals, selten ein offizieller Auftritt, bei dem es auf etwas ankommt, immer ein ruhiges Gemüt;

Kräfte, wie ein freier Mensch sie so hat, und Gesundheit;

Klugheit, gepaart mit geradlinigem Denken, und gleichgesinnte Freunde;

zwanglose Gesellschaft, ein schönes Essen ohne übertriebenen Aufwand;

die Nacht nicht im Rausch, aber ohne Sorgen;

ein Lager, nicht ohne Freuden, aber in Ehren;

gesunder Schlaf, der die Zeit der Finsternis verkürzt.[44]

Druck, Anstrengung und Wettkampf sind heute genau die Dinge, die uns glücklich machen sollen. Wer unten ist, soll sich hocharbeiten. Wer oben ist, soll sich im Wettkampf mit anderen seinen Platz in den globalen Märkten sichern. Wer sich anstrengt, bekommt Anerkennung. Wer gut in seinem Job ist, wird befördert, was meistens bedeutet, dass er noch mehr arbeiten muss. Bei Martial liest es sich dagegen eher so, als hätten die alten Römer vor allem chillen wollen. So wenig wie möglich arbeiten, so viel wie möglich in »zwangloser Gesellschaft« abhängen. Von allem so viel haben, dass es reicht, und überhaupt: nicht zu viele Adrenalinmomente durchleben.

Das ist gar nicht so überraschend. Alles im Universum neigt dazu, optimale Wege zu nehmen. Die geringstmögliche Menge an Arbeit zu verrichten. Physiker nennen es das »Prinzip der geringsten Wirkung«. Die Dinge im Universum bewegen sich so, dass sie von Punkt A zu Punkt B den geringstmöglichen Aufwand betreiben müssen. Natürlich werden Physiker einwenden, dass die ganze Sache deutlich komplizierter ist, als ich sie hier darstellen kann. Aber es ist auf jeden Fall so: Wenn ich meinen Katzen eine Spielzeugmaus zuwerfe, damit sie hinterherrennen, dann fliegt die Maus nicht im Zickzack und auch nicht großartig auf und ab, sondern vollzieht eine gerade Bahn in Richtung Boden.

Aufwand, Anstrengung und Qual sind keine natürlichen Bedürfnisse, ihr Wert ist nur ein Konstrukt. Das ist ziemlich leicht zu beweisen. Denn Schufterei führt bei den wenigsten Menschen dazu, dass sie 120 Jahre alt werden. Eher folgen auf harte Arbeit und Stress Herzinfarkte, Magengeschwüre, Sucht, Streit, Schlaflosigkeit.

Wir meinen also, viel leisten zu müssen, und gleichzeitig geht es uns schlecht, weil wir unter Druck stehen, viel zu leisten. Uff. Aus dieser Widersprüchlichkeit entsteht auch unsere

Sucht nach dem Belohntwerden. Denn wenn man das liebt, was man tut, wenn man es für sinnvoll hält, wenn es keinen negativen Stress auslöst und ab und zu Glücksgefühle – warum sollte man dann dafür auch noch eine Belohnung erwarten? In einer Tätigkeit, die einen erfüllt, ist die Belohnung bereits enthalten. Die Belohnungsgüterindustrie, die auch den Elektrogrill hergestellt hat, profitiert also davon, dass Menschen ihre Jobs hassen. Oder davon, dass sie ihre Jobs zwar mögen, sie aber zu lange und zu intensiv ausüben. Mehr, als es ihnen lieb ist. Sie kaufen sich deshalb einen Ausgleich zum ganzen Zähnezusammenbeißen, das sie acht, neun Stunden am Tag leisten müssen. Ofenhandschuhe, die ihnen sagen: Du bist wichtig und stark und toll.

»Was lange währt, wird endlich gut«, »Im Alphabet kommt Anstrengung vor Erfolg«, »Von nichts kommt nichts«, »Erst die Arbeit, dann das Vergnügen«, »Du erntest, was du säst«. Das sind nur einige der Sprüche, die zeigen, wie tief der Zusammenhang von Qual und Belohnung in unserer Kultur verankert ist. Dabei ist die Qual an sich kein Wert. Erst die Belohnung macht sie wertvoll.

Eigentlich müsste es das Ziel von Politik sein, allen ein Leben zu ermöglichen, wie der Dichter Martial es sich erträumte. Ein Stück Land, das viele Früchte trägt, und ein Feuer, das immer brennt. Etwas zu tun haben, das einem Befriedigung gibt, aber auch genug Zeit zum Entspannen. Es gibt zig Studien, die zeigen, dass Arbeiterinnen häufiger an Herzkrankheiten leiden, wenn sie eine Unausgeglichenheit zwischen Anstrengung und Belohnung empfinden.[45] Wer nie das Gefühl hat, etwas Sinnvolles zu tun oder für seine Arbeit vernünftig entlohnt zu werden, wird krank. Und zwar unabhängig davon, ob der Job tatsächlich anstrengend ist: Die Korrelation zwischen Herzkrankheit und fehlender Belohnung findet sich auch bei Menschen, die sich in ihrem Beruf nicht überfordert fühlen. Wir müssen also Freude *und* Befriedigung empfinden, um gesund und glücklich zu sein. Das ist dringender und wichtiger als die Frage, ob die Beschäftigung selbst anstrengend ist.

Der Sommer 2022, in dem der Elektrogrill bei uns einzog, war anstrengend. Ich hatte mich täuschen lassen. Hatte gedacht, dass ich Neues erleben müsste, entdecken, besitzen, verzehren. War von einem Termin zum anderen gefahren, an den Wochenenden aus Berlin raus. Es kam mir interessanter vor, auswärts 40 Euro für ein Abendessen auszugeben, als zu Hause zu bleiben, bei unserem Grill, und den Edeka-Bio-Weißwein für 2,89 Euro zu trinken. Auf dem Balkon zu sitzen war nicht schick. Es war nur das, was wir immer haben konnten, das, was nahezu umsonst war. Zwanglose Gesellschaft und ein Essen ohne übertriebenen Aufwand – ich habe mich dagegen entschieden, aus freien Stücken, für Zwang und Aufwand. Am Ende des Sommers, im September, war ich existenziell müde. Der Grill stand auf dem Balkon und starrte mich vorwurfsvoll an. Ich glaube, er hat keine Ahnung von Marktwirtschaft.

785 EURO
für ein Hochzeitskleid

Neben dem Bücherregal meiner Großeltern hängt eine Fotografie, auf der zwei Menschen zu sehen sind, die ich nie kennengelernt habe. Sie sind meine Vorfahren, so viel verstehe ich. Ein Mann, eine Frau, die Großeltern meiner Großmutter, ganz in Schwarz gekleidet, Knopfleisten bis zu den Hälsen, ernste Blicke. Ein Hochzeitsfoto. Meine Oma hat mir das erst vor ein paar Monaten erzählt – dass es sich hier nicht um irgendein Bild handelt, sondern um ein Hochzeitsbild.

Bis in die 1930er-Jahre hinein heirateten viele Frauen in Schwarz.[46] Das Hochzeitskleid, erzählte mir meine Oma, war kein besonderes Kleid, das man extra für den Anlass kaufte, sondern nur ein etwas schickeres Kleid, das auch nach der Hochzeit zu allen möglichen anderen Anlässen getragen werden konnte – deshalb schwarz. Adlige heirateten schon viel früher in eigens angefertigten hellen Kleidern, schon im 16. Jahrhundert. Sie demonstrierten damit, dass sie genug Geld besaßen, um ein Kleidungsstück für nur einen Tag herstellen zu lassen, in dem man nicht arbeiten könnte, weil es eine Schleppe hat und Spitze und Glitter und Prunk. Die Adligen hatten es nicht nötig, darüber nachzudenken, ob sich das Brautkleid noch einmal verwenden ließe. Ob man es waschen könnte, die Flecken rauskriegen. Die Massen-Bekleidungsindustrie machte es auch dem Proletariat möglich, sich zu kleiden wie Prinzessinnen. Je billiger Kleidung wurde, je mehr man davon kaufen konnte, desto präsenter wurde Mode im Alltag ganz normaler Leute.

Man hört oft, die Farbe Weiß symbolisiere die Reinheit und Jungfräulichkeit einer Frau, weshalb manche das weiße Brautkleid unter einem feministischen Aspekt problematisch finden. In Wirklichkeit symbolisiert das weiße Hochzeitskleid vor allem, dass die Braut sich nicht dreckig machen muss. Dass sie eine Prinzessin ist, der körperliche Arbeit fernliegt. Dass sie Leute hat, die ihr die Schleppe tragen. So betrachtet, ist das Heiraten in Weiß noch verachtenswerter, schließlich steht es für das Herabblicken auf die Arbeiterklasse, der eine pompöse Hochzeit selbst mit weißen Tischdecken lange verwehrt war.

Heute geben auch ganz durchschnittliche Leute ein Monatsgehalt für ein glitzerndes Kleid im »Prinzessinnenstil« oder mit »A-Linie« aus, nur um sich einen Tag lang darin fotografieren zu lassen und es dann auf Ebay-Kleinanzeigen an die nächste Heiratswillige zu verscherbeln. Wie und wo die Stoffe und diese Kleider hergestellt werden, ist den meisten Bräuten egal. Die Ausbeutung von Näherinnen in Bangladesch spielt keine Rolle, wenn man hübsch sein will. Die Erfahrung, in einer Boutique auf einen Hocker gestellt zu werden, einen Schleier angelegt zu bekommen, die Frage zu hören: »Und, ist das dein Kleid?« – alles eindeutig wichtiger als Gedanken über den Mindestlohn in türkischen Nähereien. Heiraten in einem Traum aus Ausbeutung.

Ich habe neulich eine Folge der Nachmittagsserie *Zwischen Tüll und Tränen* gesehen. Da werden Bräute begleitet, wie sie Kleider anprobieren. Eine Frau rührte mich sehr. Sie sagte, sie und ihr Verlobter würden seit 10 Jahren auf die Hochzeit sparen. 100 Euro hätten sie monatlich zurückgelegt, in eine Spardose. Von den 12 000 Euro Budget waren 1800 Euro für ein Kleid vorgesehen. Fast anderthalb Jahre Sparen also. Der Konsumismus ist wahnsinnig effektiv, wenn er sogar dieser Frau einreden kann, sie müsse 1800 Euro für ein Kleid ausgeben, um glücklich zu sein.

Global betrachtet ergibt es Sinn, dass auch Frauen der Arbeiterklasse in Europa inzwischen in Weiß heiraten. Denn im Vergleich zu denjenigen, die diese Kleider nähen müssen, irgendwo in Fabrikhallen in der Türkei oder Indien, sind Menschen im Westen gewissermaßen Adlige. Der Unterschied zum herkömmlichen Adel ist nur, dass wir denjenigen, von denen wir uns durch die glänzend-sauberen Roben abgrenzen, nicht jeden Tag begegnen müssen. Das wäre unschick. Denn man will natürlich gut gekleidet sein. Aber auf gar keinen Fall will man jemand sein, der andere aktiv ausbeutet. Passiv, durch Kaufentscheidungen, na ja, das lässt sich gerade noch aushalten.

Ich kann mich darüber nicht erheben. Ich habe auch keine moralischen Standards, wenn es darum geht, hübsch auszusehen. Wahrscheinlich gebe ich für nichts so viel Geld aus wie für Kleidung. Dabei weiß ich, dass ich manipuliert werde. Ich weiß, dass die Textilindustrie mir eingeredet hat, ich bräuchte alle paar Wochen ein neues Outfit, um schön zu sein. Ich weiß, dass es inzwischen nicht mehr nur vier Saisons gibt, sondern acht, jeder Modehersteller also acht Kollektionen im Jahr auf den Markt wirft und dann wieder wegwirft. Ich weiß, dass es nicht wirklich Glück ist, das ich fühle, wenn ich die *About You*-Tüte öffne, sondern Bestätigung dafür, dass ich alles richtig mache als kleine Soldatin des Spätkapitalismus.

Kleidung ist Bestätigung. Oder zumindest steckt im Kleidungkaufen der Wunsch, bestätigt zu werden. Du hast Einladungen, du hast Events, bei denen du gesehen wirst, und du kannst dich dort nur wohlfühlen, wenn du etwas trägst, das neu ist und deinem Einkommen entsprechend teuer war. Sollen die Leute etwa denken, dass du nicht gut einkaufen kannst?

Jeden Morgen frage ich M., was ich anziehen soll. Er fragt zurück, welche Termine ich habe, dann schlägt er mir ein Outfit vor. Es ist ein schönes Ritual, von dem ich nicht mehr weiß, wie es entstanden ist. Oft höre ich dennoch nicht auf ihn, sondern ziehe eins meiner Lieblingskleider an, die ich schon seit vielen Jahren besitze und die alle nicht mehr als 20 Euro im Schlussverkauf gekostet haben.

Einmal, als ich bei Anne Will eingeladen war, bin ich vorher stundenlang durch Geschäfte gelaufen, habe nach Schuhen gesucht, nach einem neuen Kleid. Weil ich so aufgeregt war und dachte, dass ich nichts besitze, das der Sendung gerecht werden könnte. Ich schickte M. Bilder aus Umkleidekabinen, er schickte bei allem einen Herzaugenemoji zurück. Das half nicht. Schließlich entschied ich mich für ein beige-braun glänzendes Hemdblusenkleid, das ich überhaupt nicht liebte. Aber etwas Besseres gab es nicht. Als ich nach Hause kam, sagte er: »Warte!« Zog sein Handy aus der Tasche, tippte. Zeigte mir ein Bild vom Studio von Anne Will: Die Sessel in der Talkshow haben exakt die gleiche Farbe wie das Kleid. Ich hatte mir gewissermaßen einen Tarnanzug gekauft. Am Ende trug ich eins der Schlussverkauf-20-Euro-Kleider, das ich bereits besaß, und ein paar Schlussverkauf-20-Euro-Pumps. »Die Schuhe habe ich schon so lange«, sagte ich, und M. sagte, dass ich das jedes Mal sage, wenn ich sie trage. Daraus hätte ich lernen können, dass der Drang, sich für jeden Anlass neu einzukleiden, total idiotisch ist. Aber ich lernte nicht daraus. Ich lerne eigentlich nur aus Instagram-Werbung, die mir zeigt, was ich gerade unbedingt brauchen könnte, um mich gut zu fühlen.

Auf meiner Hochzeit, so hatte ich es mir vorgenommen, werde ich etwas tragen, das nicht von ausgebeuteten Arbeiterinnen hergestellt wurde. Etwas, das ich im besten Fall noch oft anziehen kann. Vielleicht, dachte ich naiv, einfach einen Blazer und eine Hose. Etwas Schlichtes. Etwas, das nicht teuer ist. Weil: So ein Tag, an dem man sich selbst zelebriert, sollte ein Tag sein, an dem man sich selbst sympathisch ist, an dem man seinen eigenen Idealen entspricht. Und meine Ideale enthalten sowohl Arbeitnehmerinnenrechte als auch den Fortbestand der Menschheit.

Es kam anders. Freundinnen schickten mir Links zu Instagram-Seiten von französischen Brautkleiddesignern. Andere schickten mir Bilder von prominenten Frauen und deren Outfits und schrieben dazu, inwiefern mir Teile dieser Outfits stehen würden oder nicht. Ich verbrachte Stunden damit, durch Shops zu scrollen, bestellte drei oder vier Kleider, die ich wieder zurückschickte. Die Entscheidung für ein Hochzeits-Outfit fühlte sich plötzlich an, als müsste ich eine Entscheidung darüber treffen, was für ein Mensch ich sein will. Bin ich jemand, der einen Anzug trägt? Bin ich jemand, der Glitzer mag? Bin ich jemand, der in ein Brautmodengeschäft geht, oder bin ich nicht eher jemand, der online bestellt? Bin ich jetzt wirklich eine von den Frauen, die sich so viele Gedanken darüber machen, was sie anziehen? Bin ich meine schlimmste Feindin geworden? Hat der Kapitalismus es geschafft, mich hierher zu manipulieren?

Ja.

Am Ende hatte ich eine Lieblingshochzeitskleidermarke, die fast ausschließlich in Australien verkauft wird und die ich mir nicht leisten konnte. Ich bestellte also ein Kleid, das so ähnlich aussah wie das für 4000 Dollar, das ich in einer idealen Welt gerne gehabt hätte. Kurz geschnitten, mit Pailletten – als wäre ich eine Drahtseiltänzerin, die im Zirkus gleich nach den Clowns auftritt. Für 785 Euro. Was sich für mich in dem Moment wie sehr wenig anfühlte, denn ich hatte meine letzten Wochen auf Internetseiten verbracht, auf denen die Preise deutlich höher waren.

Ich stehe also vor dem Spiegel, in diesem Kleid. Es kam in einer großen Kiste, in der eine weitere Kiste war, in der ein Kleidersack war, in dem das Kleid war. Alles roch nach Neuwagen. Der Stoff fiel schwer.

Als ich das Kleid anziehe, frage ich mich, wie es entstanden ist. Wer die Ärmel angenäht hat, die Bändchen zum Zubinden an der Innenseite, und ob die Pailletten in langen Fäden angenäht wurden oder einzeln. Und ich frage mich, ob das nun wirklich schön ist. Das frage ich mich eh oft: Ist eine Bluse, die ich im Schlussverkauf auf der Website des KaDeWe für 90 Euro bestelle, wirklich schöner als eine Bluse, die ich mir bei H&M für 20 Euro kaufe? Bringt sie mehr Freude? Sieht man teurer Kleidung an, dass sie teuer ist, oder ist das eine sich selbst erfüllende Prophezeiung, weil man sich in teurer Kleidung anders bewegt? Warum sollte man überhaupt sehen, dass Kleidung teuer ist? Fühle ich mich schön in diesem Kleid? Oder fühle ich mich nur schön in 785 Euro?

Wir sind alle ein bisschen lächerlich, wenn wir konsumieren. Kaufen ist eine Verzweiflungstat. Ein putziger Versuch, sein eigenes Ich herzustellen. Dazuzugehören. Kaufen ist, als würde man ein Bild von sich malen, auf dem man viel besser aussieht als in der Realität.

Ich habe das Kleid zu einer Schneiderin gegeben, damit sie zusätzliche Knöpfe annäht. Als ich es in ihrem Atelier anzog, um zu testen, ob die Knöpfe an der richtigen Stelle sitzen, war sie ganz außer sich. »Sie sehen so toll aus!«, rief sie. Bevor ich das Kleid zu ihr gebracht hatte, hatte ich das Preisschild abgenommen. Es war mir peinlich.

385 EURO
für die gesetzliche
Krankenversicherung

Briefe von meiner Krankenversicherung sind für mich noch gruseliger als Briefe vom Finanzamt. Das liegt wohl daran, dass die Post vom Finanzamt direkt an meine Steuerberaterin geht. So was gibt es bei Krankenversicherungen nicht, da muss man sich um alles selbst kümmern.

Briefe von Krankenversicherungen kommen meistens dann, wenn man sowieso bereits genug Stress hat. Wenn man ein Studium beginnt oder beendet, wenn man umzieht oder einen neuen Job anfängt. In Umbruchphasen ändert sich immer auch der Krankenkassenbeitrag, und man muss jeweils beweisen, dass man berechtigt ist, weniger oder mehr zu zahlen. Als ich mein letztes Buch schrieb, habe ich drei Monate von meinen Ersparnissen gelebt, mein Anstellungsverhältnis ruhte. Deshalb habe ich keine Krankenversicherungsbeiträge gezahlt, auch mein Arbeitgeber zahlte sie nicht. Weil ich ja nicht dort arbeitete. Es hat fast anderthalb Jahre gedauert, bis die Krankenkasse, meine Steuerberaterin und ich uns darauf einigen konnten, wie hoch meine Nachzahlung für diesen Zeitraum ausfallen sollte. Am Ende zahlte ich 150 Euro im Monat, den Minimalbetrag. Womit ich gut weggekommen bin, denn mit dem Buch, das ich in dieser Zeit geschrieben habe, habe ich deutlich mehr als den Mindestlohn verdient.

Wenn man aber angestellt ist und angestellt bleibt, dann kommt von der Krankenkasse nur Werbung. Und wenn man ein Jahr lang mehr als 64 350 Euro verdient, dann kommt ein Brief, der eine »Änderung des Versicherungsverhältnisses« ankündigt.

Ich habe zuerst überhaupt nicht verstanden, was das heißen soll. Hatte kurz Angst, dass sie mir doch noch kündigen. Der Brief erklärte: Wer im Jahr mehr als 64 350 Euro verdient, kann von der gesetzlichen in die private Krankenversicherung wechseln. Er gilt in der gesetzlichen Krankenkasse von da an als »freiwillig versichert«.

Dabei war »Unfreiwilligkeit« nicht das Gefühl, mit dem ich bis dahin meine Krankenkassenbeiträge gezahlt habe. Wenn man krank ist, dann kann man einfach zum Arzt gehen. Man zeigt eine Versichertenkarte vor und wird behandelt, ohne dafür bezahlen zu müssen. Und zwar so oft man will. Ich finde das faszinierend und war immer sehr dankbar. Aber ich bin auch selten krank, da hat man gut reden.

Neulich saß ich trotzdem in einem Wartezimmer. Wegen einer Ohrenentzündung, die nicht wegging. Ich war um Viertel nach acht da, die Praxis hatte um acht aufgemacht, im Wartezimmer saßen vor mir bereits 15 Leute. Kein Problem, dachte ich. Zwei Stunden stillsitzen und warten, um drei Minuten lang behandelt zu werden, das halte ich gut aus. Man ist das gewohnt, wenn man eine Weile in Berlin gelebt hat.

Um 10.30 Uhr hatte sich die Besetzung des Wartezimmers einmal komplett geändert, nur ein junger Typ mit Kaktus-Aufdruck auf seinem Shirt und ich warteten seit zweieinhalb Stunden. Er ging zum Empfang, fragte, wann er dran sei. »Es dauert heute alles länger«, sagte die Sprechstundenhilfe. Er könne auch rausgehen und um 11 Uhr noch mal wiederkommen. Ich fragte, ob ich dann um 11.15 Uhr noch mal wiederkommen solle. Sie sagte, dass das wahrscheinlich am besten wäre. Ich fuhr den kurzen Weg nach Hause, von wo ich eigentlich direkt wieder losfahren musste. Um 11.15 Uhr wurde ich von einer anderen Sprechstundenhilfe gebeten, mich noch einmal ins Wartezimmer zu setzen.

Ärzte sind selbstständige Unternehmer. Sie bezahlen die Miete für ihre Praxisräume aus ihren Einnahmen, genauso wie die Gehälter ihrer Mitarbeiter. Ärzte haben als Unternehmer eigentlich nur einen Geldgeber: die Krankenkassen.

Die Krankenkassen sammeln Beiträge ihrer Versicherten ein. Deshalb haben sie das Ziel, möglichst wenig davon wieder auszugeben. Je mehr Ärzte es gibt, so die Annahme der Kassen, desto mehr Geld müssten sie ausgeben. Denn wenn es mehr Ärzte gäbe als kranke Menschen, würden die Ärzte anfangen, die Menschen »überzubehandeln«, für ihren eigenen Profit. Die Krankenkassen vergeben also nur eine begrenzte Zahl von Lizenzen an Ärztinnen, in bestimmten Gebieten, für bestimmte Spezialisierungen. Eine Kassenärztinnenlizenz kann man sich von seinem Arzt-Vorgänger kaufen, wenn der in Rente geht. Sie kostet oft mehrere zehntausend Euro.

Wenn die Ärzte, die eine Lizenz haben, so viele Termine machen würden, wie es ihnen maximal möglich ist – also viele Überstunden –, dann würde es für die Krankenkassen ebenfalls teuer. Also begrenzen die Krankenkassen in Verhandlungen mit den Kassenärztlichen Vereinigungen, wie viel eine Ärztin pro Quartal mit den gesetzlichen Krankenkassen abrechnen darf. Diesen Betrag nennt man »Regelleistungsvolumen«. Es liegt für Hausärzte zum Beispiel zwischen 45 000 und 70 000 Euro pro Quartal. Davon müssen die Ärzte ihre Miete bezahlen, ihre Angestellten, auch die Anschaffung neuer Geräte.[47] Das Regelleistungsvolumen erhöht sich, wenn eine Praxis viele alte Patientinnen behandelt. Aber wenn eine Ärztin im Quartal mehr Patienten behandelt, als es auf ihrem Spezialgebiet üblich ist, dann bekommt sie für diese Mehrarbeit kein Geld.

Hausärzte bekommen pro Patient eine Quartalspauschale. Auch die erhöht sich je nach Alter des Patienten. Für die Pauschale ist es irrelevant, wie häufig der Patient in die Praxis kommt. Wenn ich Anfang September mit einer Erkältung zum Arzt gehe und Mitte September wieder wegen derselben Erkältung, dann verdient mein Arzt mit dem zweiten Kontrolltermin kein Geld. Für ihn wäre es besser, wenn ich im Oktober wiederkäme, denn dann könnte er mich neu abrechnen.

Der Medizinische Dienst der Krankenkassen kontrolliert die Abrechnungen der Ärzte und Krankenhäuser. Sein Auftrag ist es, überflüssige Kosten zu finden. Kosten für Behandlungen, die der Arzt »zu viel« gemacht hat. Ärzte sind also Unternehmer, aber auch nicht wirklich. Denn Unternehmer können selbst entscheiden, wie viel sie arbeiten. Der Versuch, die Kosten des Gesundheitssystems zu regulieren, endet immer in einem Katz-und-Maus-Spiel, bei dem sich alle gegenseitig betrügen. Zum Beispiel kann man als Ärztin bei Patienten über 70 ein geriatrisches Basis-Assessment abrechnen. Gewissermaßen eine Kontrolle von Alterserscheinungen. Die Kasse kann dabei nicht nachprüfen, ob wirklich ein Test gemacht wurde oder ob die Ärztin nur aufmerksam zugeschaut hat, wie der Patient ins Wartezimmer gehumpelt ist.

Während ich da also saß, zum zweiten Mal im Wartezimmer, schaute ich mir die Leute um mich herum an. Fast nur Senioren. Eine Mutter mit ihrem Kita-Kind. Ich dachte plötzlich, dass die Solidargemeinschaft ein großer Mist ist. Ich dachte, dass ich, mit starker Betonung auf *ich*, jeden Monat fast 400 Euro für meine gesetzliche Krankenversicherung zahle. Plus Pflegebeitrag. Ich müsste heute eigentlich arbeiten, um das Geld zu erwirtschaften, das all den Senioren um mich herum die teuren Behandlungen ermöglicht, die man ihnen hier gleich angedeihen lassen wird. Warum, dachte ich, gibt es kein

Fast-Track-Verfahren in Wartezimmern für junge, high-performing Einzahlerinnen? Warum zahle ich am meisten, während meine Behandlung der Ärztin am wenigsten Geld einbringt?

Natürlich hätte ich all diese Dinge lieber nicht gedacht. Aber ich verstand zum ersten Mal, was mir bisher egoistisch und idiotisch vorgekommen war: warum Leute in die private Krankenversicherung wechseln.

Die privaten Krankenversicherungen ermöglichen es den Ärzten, wirklich Unternehmer zu sein. Mit den privat versicherten Patienten können sie so viele Leistungen abrechnen, wie sie wollen, es gibt zwar Grenzen bei der Übernahme, aber keinen Preisdeckel. Eine Praxis, so sagen es manche Ärzte, braucht einen gewissen Anteil an Privatpatienten, um zu überleben. Zumindest, wenn die Ärztin ein Leben führen will, das so aussieht, wie man sich ein Ärztinnenleben vorstellt. Zumindest, wenn sie in einer Stadt praktiziert, in der die Mieten hoch sind und die Personalkosten auch. Natürlich führt das dazu, dass Privatpatienten schneller einen Termin bekommen. Dass sie intensiver behandelt werden. Man könnte auch sagen: überbehandelt. Denn alles, was man an einer Privatversicherten behandeln kann, kommt auf die Quartals-Einkommensbegrenzung der gesetzlichen Krankenkassen obendrauf.

Um 12 Uhr war ich dann dran. Die Ärztin schaute in mein Ohr, fand nichts und legte ein kleines Stück Stoff hinein, das mit Cortison und einem Antibiotikum getränkt war. »Wie ein Tampon für die Ohren!«, sagte ich. Sie lachte nicht, sondern sagte nur trocken: »Oder ein Verband.« Nach zwei Minuten war ich wieder raus. Und ich war wütend.

Krankenkassen sind Unternehmen und gleichzeitig keine Unternehmen. Denn die Beiträge, die die Versicherten zahlen, also die Einnahmen der Krankenkassen, sind genau vorgegeben – nur beim Zusatzbeitrag gibt es kleine Abweichungen. Gleichzeitig ist genau vorgegeben, welche Leistungen Krankenkassen bezahlen dürfen und welche nicht. Für Patienten ist es deshalb im Grunde egal, bei welcher gesetzlichen Krankenversicherung sie sind.

Aber natürlich gibt es für Krankenkassen bestimmte Patientinnen, die interessanter als andere sind. Mich zum Beispiel. Ich koste nahezu nichts und zahle viel. Deshalb versuchen die Krankenkassen, attraktiv für junge Menschen zu sein. Sie bieten Apps an, sie sponsern Sportkurse. Da es im Gesundheitssystem, das ein Solidarsystem ist, allerdings nie ungerecht zugehen darf, wurde eine Ausgleichszahlung eingeführt, die sich »Morbiditäts-Risikostrukturausgleich« nennt. Kassen, die besonders viele besonders schwer kranke Patienten haben, bekommen Ausgleichszahlungen der anderen Kassen. Was wiederum bedeutet, dass Kassen verleitet sind, Menschen als besonders schwer krank einzustufen, auch wenn sie das vielleicht gar nicht sind. Das Vorhaben, einen Markt zu regulieren, der kein Markt sein darf, ist sehr kompliziert.

Wenn ich heute in eine private Krankenversicherung wechseln würde, dann würde ich etwa 150 Euro weniger Beitrag im Monat zahlen. Ich könnte meine Zahnzusatzversicherung kündigen. Ich würde besser und schneller behandelt werden. Außerdem werden einige Behandlungen, die ich heute weitgehend selbst bezahle (Kiefergelenkbotox, Osteopathie), von privaten Versicherern voll erstattet.

Am gerechtesten wäre unser Gesundheitssystem, wenn alle Versicherten in eine einzige Versicherung einzahlen würden. Hätte ich früher so gesagt. Denn, so hätte ich es weiter gesagt, es ist ungerecht, dass sich manche Menschen aus dem Solidarsystem herauskaufen können. Es ist ungerecht, dass Leute mit mittleren Einkommen genauso viel für die gesetzliche Krankenkasse zahlen wie Leute mit sehr hohen Einkommen. Wenn private Versicherungen verboten wären, abgeschafft, dann könnte kein Schnösel mehr vor der Solidargemeinschaft fliehen. Dann würde im Wartezimmer niemand mehr vorgezogen, nur weil er Beamter ist oder reich.

Normativ gedacht finde ich das alles immer noch richtig. Aber ab einem gewissen Betrag beim Eigenanteil fängt man eben an, gegenzurechnen. Was bekomme ich für mein Geld? Warum sitze ich seit vier Stunden hier, warum ist der Opa da vorne jetzt schon dran? Warum ist bei 770 Euro Krankenkassenbeiträgen, die mein Arbeitgeber und ich gemeinsam zahlen, monatlich, der verdammte Behandlungsstuhl meiner HNO-Ärztin nicht aus Gold? Und warum zur Hölle lacht sie nicht über meine Witze?

Heute sehe ich es so: Für das Gesundheitssystem, das wir haben, ist die private Krankenversicherung unverzichtbar. Denn sie wird vom Staat quersubventioniert. Lehrer und Polizistinnen sind in der privaten Krankenversicherung. Bundestagsabgeordnete auch. Manche Expertinnen argumentieren in Gesprächen über das Thema, dass die privaten Krankenversicherungen ohne die Beamten längst alle pleite wären. Weil es auf dem normalen Arbeitsmarkt viel zu wenig Menschen gibt, die sich den Wechsel in die private Versicherung leisten können. Die Behandlungskosten der Beamten, die Deutschland übernimmt, garantieren also aktuell das Einkommen der Ärzte. Das ist ein staatlicher Geldzuschuss zum Gesundheitssystem, der allerdings in den Haushaltsplanungen nicht als solcher sichtbar wird. Wenn alle Privatversicherten in die gesetzliche Krankenversicherung wechseln würden, gäbe es viel mehr Diskussionen darüber, ob das Gesundheitssystem nicht »zu teuer« ist. Man kann sich also fast wohltätig fühlen, wenn man in die private Krankenversicherung wechselt. Es macht einen zum Rückgrat der Gesellschaft. Aber darüber spricht natürlich keiner. Was mich noch mehr davon überzeugte, dass dieses verhunzte Solidarsystem meine Beiträge nicht verdient hat.

Es würde sich für mich wirklich lohnen, in die private Krankenversicherung zu wechseln. Aber ich mache es nicht. Ich habe einen Eintrag auf der Internetseite von Stiftung Warentest gelesen. Da stand: »In der privaten Krankenversicherung schickt der Arzt die Rechnung direkt an Sie. Sie zahlen und lassen sich das Geld von der Versicherung erstatten.« So ein Papierkram würde mir auf Dauer nicht gut bekommen. Also bleibe ich im Solidarsystem. Ich kann es mir ja leisten.

2,79 EURO
für Hefeflocken

Ich war 17 Jahre alt und bei einem Grillfest, das die Eltern meines Freundes veranstalteten, als ich beschloss, kein Fleisch mehr zu essen. Die Realität, in der ich lebte, und die Informationen, die ich besaß, fielen so zusammen, dass etwas in mir brach. Ich hatte gelesen, für wie viel Prozent der globalen Treibhausgasemissionen die Viehzucht verantwortlich war. Ich hatte auch gelesen, was Treibhausgasemissionen bedeuten, fürs Klima, für den Planeten. Ich wusste, dass die Umwelt zerstört wird, schon als ich ein kleines Kind war. Meine Eltern sprachen mit mir darüber, meine Großeltern sprachen darüber, Nachrichtensprecherinnen sprachen darüber, Lehrer sprachen darüber. Es stand in Schulbüchern. Es war kein Geheimnis.

Auf jeden Fall hatte ich eine Website gefunden, auf der kleine, gezeichnete Kühe abgebildet waren, die auf einer hübschen Wiese standen und in die Luft furzten. Dazu ein paar Zahlen. Das war genug. Ein paar Tage später saß ich auf einem Gartenstuhl, bekam ein Stück herrlich gewürztes Fleisch auf den Teller gelegt und dachte: Das ist tot. Das ist tot, und ich soll es essen. Ab da ging es nicht mehr. Die Mutter meines Freundes warnte mich davor, zu einer »Pommes-Vegetarierin« zu werden, die statt Schnitzel mit Pommes nur noch Pommes essen würde, denn das könnte zu Nährstoffmangel führen. Fortan kochte sie für mich, wenn ich mittags zu Besuch kam, Gemüse in Sahnesauce.

Die Freundinnen, die mich schon mit 17 kannten, bezeichnen mich heute rückblickend als »picky eater«. Ich mochte nichts. Beziehungsweise: Ich mochte die Dinge, die ich kannte: Salzkartoffeln und Schnitzel und Erbsen aus der Dose, außerdem Milchreis und Pfannkuchen. Ich mochte keine Saucen, generell nicht, ich mochte keine Zucchini und keine Auberginen, ich mochte keine süßen Getränke, keinen Joghurt, keine Nüsse, keinen Käse (abgesehen von Gouda), keine Vollkornprodukte. Als ich das erste Mal Sushi gegessen hatte, musste ich mich erbrechen, weil der Geschmack des Nori-Blattes so fremd war. Die Sorge, dass ich als Vegetarierin nicht genügend Nährstoffe bekommen könnte, war also berechtigt.

Es passierte dann aber etwas einigermaßen Wundersames, nachdem ich beschlossen hatte, kein Fleisch mehr zu essen: Plötzlich mochte ich mehr Lebensmittel. Joghurt zum Beispiel. Einige Saucen auch. Ofengemüse.

In meinem letzten Buch habe ich geschrieben, dass vegane Ernährung ein Privileg der Reichen ist. Sojajoghurt ist teurer als Joghurt, für leckeres Tofu braucht man mehr Gewürze als für ein leckeres Schweineschnitzel. Und wenn Minutenschnitzel von Aldi zum Lieblingsessen vieler armer Familien gehören, dann darf das niemand verurteilen, denn niemand darf die Familien darin bevormunden, was sie essen. Fleisch sollte, so schrieb ich, kein Privileg der Reichen sein. Heute denke ich, dass die Sache komplizierter ist. Und ich bin unsicher, ob es daran liegt, dass ich heute mehr weiß, oder daran, dass ich heute mehr Geld habe.

Viele gefährliche Viruserkrankungen entstehen aus dem Umstand, dass der Mensch den Tieren zu nahekommt. Masern zum Beispiel sprangen vom Schwein auf den Menschen über, Covid-19 wahrscheinlich von Fledermäusen, dann wären da noch die Schweinegrippe, BSE, die Affenpocken, Aids. Wenn sich Epidemien und Pandemien ausbreiten, leiden darunter immer die Menschen am meisten, die am vulnerabelsten sind. Heißt in diesem Fall: Leute, die auf engem Raum zusammenleben und weniger Ressourcen für den Schutz ihrer Gesundheit haben, die körperliche Jobs machen, ohne Homeoffice-Möglichkeit. Es sind dieselben Leute, die am meisten an den Folgen der Klimakrise leiden werden, die in Regionen der Welt leben, die schon bald unbewohnbar sein werden, und sich weder Klimaanlage noch ein Haus mit Fundament leisten können. Die Leute, die in den westlichen Demokratien das Wettbewerbsspiel verloren haben. Oder die fliehen müssen, vor Kriegen, Kriegen um Territorium und Religion, aber eben auch um Getreide, Trinkwasser, fruchtbaren Boden.

Arme Menschen müssen gleichzeitig regelmäßig als Argument dafür herhalten, dass Lebensmittel, vor allem tierische Lebensmittel, so billig wie möglich sein sollen. Die Viehhaltung wird »für die Armen« subventioniert, die Mehrwertsteuer auf Fleisch liegt »für die Armen« bei 7 statt 19 Prozent, tonnenweise Milch wird jährlich in deutschen Molkereien über Gasflammen zu Pulver getrocknet, damit »die Armen« sich Kekse und Schokoladenaufstriche leisten können. Bei Lebensmitteln, vor allem bei tierischen Lebensmitteln, ist »das Bedürfnis des Niedrigsten«[48] maßgebend für die Preisgestaltung. Der Preis ist nicht so hoch, wie er sein müsste, sondern so hoch, wie er maximal sein darf, damit »die Armen« weiterhin Schnitzel kaufen. Die Lüge, Fleisch sei für eine gesunde Ernährung wichtig, hält sich dabei hartnäckig. Für die Wohlhabenden in der Gesellschaft ist das sehr vorteilhaft. Denn wenn Fleisch billig ist, dann kann auch jemand Wohlhabendes billiges Fleisch kaufen.

Gleichzeitig hat der Wohlhabende im Gegensatz zu den Armen die Wahl, sich gegen bestimmte Produkte zu entscheiden. Diese Entscheidungsfreiheit ist eigentlich das, was Geld so attraktiv macht. Jemand, der 8000 Euro brutto im Monat verdient und damit zu den oberen fünf Prozent gehört, steht vor ziemlich vielen Möglichkeiten, sein Geld auszugeben. Die 8000 Euro sind ein Mittel: ein Mittel, um das eigene Leben zu gestalten. Denn von 8000 Euro bleibt viel übrig, nachdem die Grundbedürfnisse wie Essen und Wohnen gestillt worden sind. Die 8000 Euro vergammeln nicht, man kann sie heute ausgeben oder in drei Jahren, man kann sie in Aktien anlegen oder sich eine Rolex kaufen. Man hat, mit 8000 Euro, absolute Wahlfreiheit. Wegen dieser Wahlfreiheit ist Geld besser als Tauschhandel, besser als Subsistenzwirtschaft. Die Freiheit zu kaufen, was und wo und wann man will, ist die einzig schlüssige Legitimation dafür, dass Gesellschaften sich für Geld entscheiden. Geld ist ein Werkzeug, das unser Zusammenleben vereinfacht.

Aber für jemanden, der 1000 Euro brutto im Monat hat, ist Geld in Wirklichkeit kein Werkzeug, kein Mittel. Denn sobald das Geld auf seinem Konto landet, ist bereits festgelegt, wofür es verwendet werden wird: 300 Euro für Essen, 500 Euro für Miete, 20 Euro für Internet und Telefon, 50 Euro für Kleidung. Wer 1000 Euro brutto im Monat verdient, könnte genauso gut für Kost und Logis arbeiten gehen oder für Rewe-Gutscheine. Denn das Geld in der Hand des Armen ist immer schon vom Zweck gefärbt, das Geld in der Hand des Reichen ist zweckfrei und hat deshalb unbegrenzte Möglichkeiten.

Arme Menschen werden niemals frei sein, sich zu kaufen, was sie kaufen wollen. Sie werden niemals das genießen, was sie wirklich mögen. Wie auch? Für sie besteht gar keine Wahl, sie können gar nicht herausfinden, was sie wollen und mögen. Denn das Geld in ihrem Portemonnaie wird automatisch den Dingen zugeordnet, die am billigsten sind. Es ist bei jeder Frage des Konsums oder der Preisgestaltung heuchlerisch, mit den Bedürfnissen armer Menschen zu argumentieren, wenn ihre

Einkaufslisten sowieso immer das Produkt politischer und unternehmerischer Entscheidungen sind.

Weizen etwa wurde zum Volks-Getreide, weil er bei der Verarbeitung keinen Widerstand leistet: Dinkel hat mehr Nährstoffe als Weizen, weniger Gluten auch, Dinkel ist nur schwerer zu verarbeiten. Wer ein Dinkelbrötchen backen will, braucht dafür mehr Zeit und mehr Personal als jemand, der ein Weizenbrötchen backt. Die Dinge, die billig sind, sind oft billig, weil die Hersteller damit mehr Geld verdienen. Weil es mehr arme Menschen gibt als reiche Menschen. Mit einem billigen Weizenbrötchen verdient eine Bäckereikette immer noch viel Geld, weil es in der Herstellung sehr billig ist. Mit Dinkel ist weniger Gewinn zu machen.

Mir kommt in letzter Zeit häufiger der Vorwurf unter, es gäbe so etwas wie einen vegetarischen oder veganen »Mainstream«. Milchbauern behaupten das in Radiointerviews, CSU-Politiker im Fernsehen. Dabei gibt es einfach nur einen wachsenden, sich diversifizierenden Lebensmittelmarkt. Durch die Mainstream-Erzählung soll der Eindruck evoziert werden, der Lebensmittelmarkt sei in den vergangenen Jahrzehnten neutral gewachsen. Als hätten politische Entscheidungen nie einen Einfluss darauf gehabt, was im Supermarktregal liegt. Es wird so getan, als wäre bisher jedes Produkt und jede Kaufentscheidung auf einem komplett freien, unregulierten Markt entstanden. Während jede Maßnahme für den Klimaschutz quasi als Planwirtschaft gilt. Diese Erzählung ignoriert, dass auch der Status quo ein Handeln enthält, dass er aus Regelungen und Gesetzen besteht oder aus unternehmerischen Entscheidungen.

Die Deutsche Gesellschaft für Ernährung soll den Bundesbürgern dabei helfen zu entscheiden, was sie essen. Die DGE kommt dabei zu dem Schluss, dass es gefährlich ist, keine tierischen Produkte zu verzehren, vor allem für Kinder. Es gebe nicht genug Studien zu den Langzeitwirkungen, heißt es auf der Website der DGE. Deshalb rät sie vorsichtshalber ab. In den USA ist das anders; das amerikanische Äquivalent zur DGE hält eine vegane Ernährung auch im Kindesalter nicht für problematisch, vorausgesetzt, man achtet darauf, ausgewogen zu essen und ein paar Nährstoffe zu supplementieren.[49] Dasselbe gilt für die Ernährungsforschung in Australien oder Großbritannien.

Natürlich gibt es in Deutschland eine Industrie, die großes Interesse daran hat, dass Veganismus nicht zur Normalität wird. Diese Industrie denkt sich Sätze aus wie »Milch macht müde Männer munter« – ein Werbeslogan der westdeutschen Milchwirtschaft in den 1950er-Jahren. Die Marketing-Gesellschaft der deutschen Agrarwirtschaft und die Europäische Union beauftragten 2005 die Hamburger Werbeagentur Scholz & Friends mit einer Milchkampagne, heraus kam der Slogan »Milch ist meine Stärke«. Überall hingen Plakate, auf denen Promis wie Cosma Shiva Hagen und Moritz Bleibtreu ein Glas Milch trinken, um fit zu bleiben. Da hatte ich zum Glück bereits die Grundschule verlassen, wo wir jede Woche dazu angehalten wurden, »Milchgeld« mitzubringen – für eine kleine Plastikflasche Milch mit verschiedenen Geschmacksrichtungen: Erdbeere, Vanille oder Kakao.

In meinem Kindergarten, in den 1990er-Jahren, gab es beim Mittagessen nur zwei Getränke zur Auswahl: kalten Früchtetee oder kalte Milch. Ich mochte beides nicht (»picky eater«, sage ich ja) und trank deshalb: nichts. Als meine Geschwister ein paar Jahre später in dieselbe Kita gingen, war das Repertoire um Wasser erweitert worden. Dass Milch überhaupt angeboten wurde – weil es nichts »Süßes« geben sollte –, ist widersinnig, denn in 100 Millilitern Milch stecken immerhin 5 Gramm Zucker. Das EU-Programm Schulmilch gibt es trotzdem bis heute, und die Vorstellung, dass Kinder ihren Calciumbedarf ausschließlich durch Milch decken können, hat sich ebenfalls gehalten. Dabei hat Milch etwa denselben Calciumgehalt wie Fenchel, Mangold oder Brokkoli – oder mit Calcium angereichertes Mineralwasser.

Seit den 1950er-Jahren verfolgt die Europäische Union eine »Gemeinsame Agrarpolitik«, kurz GAP. Das bedeutet erst mal nur, dass man sich im Bereich der Agrarpolitik auf bestimmte Standards einigt. Welche Düngemittel oder Pflanzenschutzmittel verwendet werden dürfen, zum Beispiel. Und welche Subventionen man an Landwirte zahlt. Denn für nichts, für keinen Haushaltsposten, gibt die EU so viel Geld aus wie für die Agrarsubventionen. 400 Milliarden Euro pro Jahr. Ein ziemlich großes Budget. Es wurde eingerichtet, um die Nahrungsmittelproduktion sicherzustellen und die Abhängigkeit von Importen zu beschränken; die EU garantierte den Bauern deshalb bestimmte Preise für ihre Produkte. Damit es sich für die Bauern lohnte, Nahrungsmittel zu produzieren.

Stellen Sie sich einmal vor, Sie hätten eine Konditorei. Und nun würde Deutschland Ihnen versprechen, dass Sie jedes Mal, wenn Sie einen Schokoladenkuchen backen, einen Festpreis von 100 Euro bekommen – ganz egal, wie viele Kuchen Sie vorher schon gebacken haben, die Nachfrage und der Preis sind gewissermaßen garantiert. Logischerweise fangen Sie an, wie blöd immer mehr Schokokuchen zu backen. Die dann anschließend weggeworfen werden.

Als man den Bauern Festpreise für Butter und Milch versprach, eskalierte die Produktion. Es gab von allem zu viel. Die EU musste Milchprodukte exportieren in andere Teile der Welt, wo daraufhin Kleinbauern pleitegingen, weil sie mit der staatlich subventionierten Butter aus den reichen, westlichen Ländern nicht mithalten konnten. Komischerweise wurde das

System trotzdem nur marginal überarbeitet. Die europäische Agrarpolitik besteht immer noch zu großen Teilen daraus, Geld auf die Konten von Landwirten zu überweisen – nach willkürlichen Kriterien.

Ab 2023 bekommen Landwirte eine sogenannte Einkommensgrundstützung, nämlich mindestens 158 Euro pro Hektar.[50] Sie bekommen dieses Geld für jedes Feld, auf dem sie etwas anbauen. Egal, ob es eine Pflanze ist, die Menschen essen können, oder eine Pflanze, die man an Tiere verfüttert. Egal, ob es eine Pflanze ist, die am Ende in einem Autotank landet. Egal, wie viel Nitrat-Dünger sie auf die Felder werfen, damit die Pflanzen schneller wachsen. Egal auch, wie sehr sie dadurch sowohl den Boden als auch das Grundwasser vergiften. Die Folge: 80 Prozent der EU-Direktzahlungen gehen an 20 Prozent der Betriebe.[51] Wer viel Land hat, bekommt viel. Außerdem sterben Insekten, weil überall immer nur die gleichen Pflanzen wachsen. Vögel, die auf Feldern leben, gibt es kaum noch, die Bestände von Rebhuhn und Kiebitz gingen in Deutschland in den vergangenen Jahrzehnten um 90 Prozent zurück.[52]

Der CSU-Politiker Albert Deß zum Beispiel hätte etwas daran ändern können; er war im EU-Parlament von 2004 bis 2019 Mitglied des Agrarausschusses und ab 2009 agrarpolitischer Sprecher der konservativen EVP-Fraktion. Allerdings vertrat er gleichzeitig in Brüssel den Bauernverband, das Molkereiunternehmen Bayernland und den Agrarhandelskonzern BayWa AG. Er war also Politiker und Lobbyist gleichzeitig. Den Klimawandel nennt er »Angstmacherei«. Deß brachte 2018 einen Änderungsantrag zu einer Gesetzesvorlage des Agrarausschusses ein. Er wollte erreichen, dass Unternehmen für ihre Produkte keine höheren Tierschutzstandards festlegen als diejenigen, die gesetzlich gelten. Dass es also allen Tieren gleich schlecht geht. Die Begründung lautete, dass es sonst keinen »fairen Wettbe-

werb« mehr gäbe. Ein bisschen so, als würde man allen Kin-
dertagesstätten verbieten, mit den Kindern Ausflüge zu unternehmen, weil das nicht der gesetzliche Mindeststandard ist,
sondern besser. Viele weitere Mitglieder des Agrarausschusses
sind wie Albert Deß gleichzeitig Lobbyisten und Politiker.

Wenn man in Deutschland lebt und meistens satt ist, dann
denkt man, dass alles ganz okay geregelt ist. Auf den Packungen
von Produkten muss draufstehen, was drin ist. Werbung darf
nicht lügen. Produktionsprozesse werden überwacht, damit sie
hygienisch sind. Aber es gibt eben doch verdammt viel, das
man nicht sieht beim Essen.

Die meisten Rinder in Deutschland haben entzündete Klau-
en und deshalb Schmerzen beim Gehen.[53] Eine industrielle Le-
gehenne legt 300 Eier im Jahr. Bis zu 97 Prozent aller Legehen-
nen haben deshalb gebrochene Brustbeine, so steht es in einer
veterinärmedizinischen Studie einer Forscherin an der Freien
Universität Berlin.[54] Weil es einfach eine krasse Anstrengung
ist, alle paar Tage ein Ei zu gebären. In Deutschland schlüpfen
jedes Jahr 45 Millionen männliche Küken, die sich weder zum
Essen noch zum Eierlegen eignen, sie werden vergast oder ge-
schreddert und enden meistens als Tierfutter.[55] In Deutschland
ist das zwar inzwischen verboten, aber es gibt keine gute Alter-
native, was mit den Küken passieren soll; weshalb zu vermuten
ist, dass sie vorerst einfach in andere EU-Länder gebracht werden, denn im Rest der EU ist das Schreddern noch erlaubt.

Warum erzähle ich das alles? Es soll hier doch um Geld gehen, um Verteilungskonflikte, nicht um die Lügen der Lebens-
mittelindustrie. Tja. Der Punkt ist, dass ich mich geirrt hatte.
Ich dachte, es wäre sinnvoll, das Essen der Armen zu verteidi-
gen. Als Kulturgut. Ich dachte, ich müsste erklären, wie wichtig
Fleisch für Menschen ohne Geld ist. Genau wie ich dachte, dass
Dinkelbrötchen unnötig sind, weil man genauso gut Weizen

essen kann. Als M. früher für mich Nudeln kochte, habe ich ihn gebeten, von Vollkornnudeln auf Hartweizengrieß umzusteigen, weil ich Vollkorn ästhetisch nicht ertragen konnte. Das macht zu schnell satt, sagte ich. Man schmeckt die Sauce nicht, man schmeckt nur Biomarkt. Also aßen wir Weizennudeln. Und ein paar Jahre später war ich diejenige, die mit Vollkornlinguine aus dem Biomarkt nach Hause kam.

Die Realität ist, dass es einem erst leichtgemacht wird, gut zum eigenen Körper zu sein, wenn jemand anderes an diesem Körper ein wirtschaftliches Interesse hat – Deutschland zum Beispiel, wegen der Volkswirtschaft, oder, noch besser: ein direkter Arbeitgeber. Wer keinen Arbeitgeber hat, ist meistens krank. Rund zwei Drittel aller Menschen, die in Deutschland zur Tafel gehen, leiden an einer oder an mehreren chronischen oder ernährungsbedingten Krankheiten. Sie haben es mit dem Magen oder mit dem Herzen, mit der Leber oder der Niere. Sie haben Diabetes Typ 2. Sie haben Gicht, Rheuma, Krebs. Die AOK schätzt die Folgekosten dieser Krankheiten auf 70 Milliarden Euro jährlich.[56]

Indem ich früher das billige Essen verteidigte, verteidigte ich nicht die Gewohnheiten der Armen, sondern die Entscheidungen der Lebensmittelhersteller, für die diese Gewohnheiten profitabel sind. Wenn ich mich über Sojajoghurt lustig machte, half ich damit den Firmen, die mit EU-Geldern Werbeagenturen engagieren, um Menschen eine Flüssigkeit als gesundheitsfördernd zu verkaufen, die nicht für sie gemacht ist, nicht für ihre Mägen, nicht für ihre Körper – sondern für Babykühe. Meine Vorstellung von Normalität war der Profit eines anderen.

Im Januar 2021 saßen wir auf der Couch, es war Coronawinter, ich war viel auf Twitter und dachte viel über die Ungerechtigkeit der Welt nach. Ein Kollege postete eine Grafik, auf der zu sehen war, dass ein Kilogramm Hühnchen genauso viel CO_2 in der Produktion ausstößt wie ein Kilogramm Käse. In den Nachrichten liefen Meldungen über Schweine, die nicht geschlachtet werden konnten, weil die Mitarbeiter an Covid erkrankt und hinter Bauzäunen in Container eingesperrt waren, als wären sie nicht viel mehr wert als die Tiere selbst. Wir wollten ans Meer fahren für eine Woche. Ich sagte, dass ich versuchen wolle, die ganze Woche nur Sachen aus Pflanzen zu essen. Als Test, ob das geht. Wie man sich so fühlt. Ein paar Tage später standen wir in der Süßwarenabteilung eines großen Rewe-Markts an der Nordsee. Wir packten vegane Gummibärchen und Kekse in den Einkaufswagen, ich entdeckte meine Leidenschaft für Zutatenlisten auf der Rückseite von Verpackungen, M. entdeckte *Katjes Wunderland*. Nach dieser Woche informierte ich meine Freunde und Familie darüber, dass ich mich radikalisiert hätte. Dass es nach zehn Jahren Vegetarismus weitergehen müsse.

»Genuss ist das, was verboten ist«, schrieb meine Kollegin Elisabeth Raether Anfang 2022 in der *ZEIT*. Und es mag schon sein, dass sich ein allgemein schlechtes Gewissen regt. Dass viele Menschen weniger Fleisch essen wollen. Aber die Realität ist karnivor. In 90 Prozent der Restaurants ist das eine vegane Gericht auf der Karte irgendwas mit Couscous, bei dem der Koch gar nicht erst versucht, Geschmacksansprüchen gerecht zu werden. In etwa so, wie 2022 in Deutschland vegan zu sein, hat es sich auch angefühlt, vor zehn Jahren in einer Kleinstadt Vegetarierin zu werden: für alle nervig, radikal und verboten. Also ein Genuss, wenn man so will. Und für mich: der endgültige Bruch mit dem Essen meiner Kindheit. Nichts in unserem Kühlschrank heute ähnelt dem, was ich als Kind kannte. Außer der Senftube.

Es gibt genug Momente in meinem Leben, in denen ich mich hasse. Dafür, wie ich geworden bin, mit Geld. Ich stehe neben mir, gucke mich an, in den Kleidern, in den Urlauben, in den Gesprächen, und sage: Ach, du bist also auch nicht besser als alle, die du mit 16 hirnlos fandest.

Beim Essen ist es anders. Beim Essen habe ich jeden proletarischen Stolz abgelegt. Er war albern. Man kann nicht stolz darauf sein, mit billigem Fleisch und Milchpulver ruhiggestellt zu werden und keine Wahl zu haben. Als ich die ersten Kapitel dieses Buches an meine Lektorin schickte, rief sie mich an und sagte, dass leider sehr viel Essen vorkäme. Sie hatte recht. Ich hatte ungefähr die Hälfte des Buchs über Essen geschrieben. Meine Idee von Wohlstand besteht inzwischen zu großen Teilen daraus, teure Nahrungsmittel zu kaufen.

Ein paar Wochen nach meiner Radikalisierung saßen wir zu Hause, ich war nachdenklich und weltschmerzig traurig, weil ich im *Alnatura* ein Paket mit 100 Gramm Hefeflocken gekauft hatte, für 2,79 Euro. Hefeflocken sind ein leidlicher Ersatz für Parmesan, sie enthalten viel Vitamin B_2 und machen Essen, na ja, etwas würziger. »Weißt du, was man mit 2,79 Euro alles kaufen kann?«, fragte ich M. »Bin ich jetzt jemand, der drei Euro für so einen Quatsch ausgibt?« Er hat nicht viel dazu gesagt, er mag den Geschmack von Hefeflocken bis heute nicht. Aber er protestiert auch nicht, wenn ich sie ins Risotto werfe.

Das, was ich gefühlt habe – nämlich die Entfremdung von mir selbst durch Produkte, von denen ich dachte, dass sie nicht zu mir gehören –, hatte nichts mit dem verlorenen Kampf um Gerechtigkeit zu tun. Ich war enttäuscht. Weil ich plötzlich Hefeflocken einkaufte und sie mir schmeckten. Weil ich Seitan mit Sojasauce und Senf und Rauchsalz anbriet und Spaß daran hatte. Ich warf Cashews auf Mandeljoghurt und ekelte mich nicht. Ich stellte Saucen aus geröstetem Gemüse, Öl und Lupinenjoghurt her, und ich fand sie lecker. Ich lernte, dass sogar Schmecken politisch ist. Dass ich teilweise verarscht wurde. Denn ich hatte geglaubt, Gouda und Weizenmehl oder Milchreis zum

Mittagessen seien die Lebensmittel, die mir am besten *schmeck-ten*. Dabei ist es so: Wer arm ist, erlebt im Mund weniger. Lernt als Kind weniger Gemüse kennen, weniger Obst. Ich fühlte mich, als hätte ich im Supermarkt jahrelang vor nur zwei Regalen gestanden, in der Überzeugung, dass alle anderen Regale für bürgerliche Snobs seien. Bis ich feststellte, dass die Produzenten des Inhalts der zwei Regale mich genau das glauben lassen wollten.

Essen ist politisch. Und zu essen, was man eigentlich nicht essen sollte, kann befreiend sein. Egal, wie sehr man bürgerliche Symbolik verachtet: Gesundes, leckeres Essen darf in keinem Fall als bürgerliche Symbolik gelten. Veganismus ist kein privilegierter Schmarrn, sondern eine ethische Entscheidung, die jeder treffen können sollte. Wer anderes behauptet, will nur vom Guten nichts abgeben.

30 EURO
für den hässlichsten Weihnachtsbaum, den wir je hatten

Ich glaube leider nicht an Gott und nicht daran, dass Jesus für mich auferstanden ist. Ich habe es versucht, weil ich dachte, dass es beruhigend wäre. Aber ich habe es nicht in mir. Man muss, glaube ich, dazu erzogen werden, als Kind schon. Sonst steht man der Welt so rational und kaltherzig gegenüber. Trotzdem bin ich ein großer Fan von Weihnachten, von Weihnachtsplätzchen, Adventskränzen, Mistelzweigen, Adventskalendern, Geschenken, Duftkerzen, tanzenden Weihnachtsmannfiguren. Und natürlich Weihnachtsbäumen.

Ich finde, dass der Weihnachtsbaum von Anfang Dezember bis Mitte Januar in der Wohnung stehen sollte. Dass es also quasi eine eigene Baum-Saison geben muss. Aber abgesägte Weihnachtsbäume vertrocknen in der Wohnung ziemlich schnell. Der erste Baum, den ich gemeinsam mit M. kaufte, sah schon zu Weihnachten vertrocknet aus. Er starb vor unseren Augen. Es war ein trauriger Anblick, bis wir ihn endlich auf die Straße legten, zu den anderen Skeletten. Wie ich sie da so liegen sah, aufeinandergestapelt, das Lametta zerpflückt, darauf wartend, abgeholt zu werden von genervten Müllwerkerinnen, fühlte ich mich plötzlich mies. Der Baum war gut zu uns gewesen, er hatte die Kugeln getragen und unsere Herzen mit Freude erfüllt, und nun lag er da, lästig, tot. Wir hatten ihn für ein ziemlich verrücktes Ritual benutzt und weggeworfen, jetzt konnte er maximal noch zu Bleistiften verarbeitet werden. Oder kompostiert, um einer neuen Generation von Weihnachtsbäumen einen Nährboden zu bieten. Unsere Bereitschaft, 45 Euro zu bezahlen, hatte das Leben einer Nordmanntanne beendet.

Geld ist eine Milchglasscheibe. Geld schiebt sich zwischen uns und die Dinge. Geld ist dazu geeignet, die empathischen Beziehungen zu stören, die wir eigentlich alle in uns haben; zu unseren Mitmenschen, zu unserer Umwelt, zu Tieren und Pflanzen.

Das Buch, das Sie in der Hand halten, schreibe ich an einem Laptop, dessen Gehäuse und Tasten aus Erdöl hergestellt wurden, also aus Überresten von Lebewesen, aus flüssiger, organischer Masse, Kohlenstoff, Methan, sicher verstaut im Boden, hochgeholt an die Oberfläche eines Ortes, der mir nicht bekannt ist. In das Betriebssystem des Laptops sind Millionen von Arbeitsstunden von Programmierern mehrerer Generationen hineingeflossen. Irgendwo unter meinen Fingern sind die Metalle, die man für die Elektronik braucht, die von Familien im Kongo aus Minen geholt wurden. Das Zusammensetzen der einzelnen Teile haben wahrscheinlich chinesische Arbeiterinnen übernommen, bevor das Produkt in einem Container, auf einem riesigen Schiff, betrieben mit Schweröl, nach Europa gebracht wurde. Der Strom, der dafür sorgt, dass das Betriebssystem funktioniert, wird durch die Verbrennung von Kohle und Öl erzeugt, also aus zusammengepressten Kadavern von Tieren und Pflanzen, die vor Millionen von Jahren gelebt haben. Oder aus Gas, das irgendwo in Russland aus der Erde gebohrt und durch eine Pipeline geschickt wurde. Der Laptop war schon gebraucht, als ich ihn gekauft habe, jemand hat ihn vor mir besessen, dann wurde er geputzt, desinfiziert mit chemisch hergestelltem Alkohol (Wasser, Ethen, Schwefelsäure), das Betriebssystem auf null gesetzt, anschließend in eine Pappkiste gelegt und mit einem wiederum ölbetriebenen Auto zu mir gebracht, von einem Menschen, der wahrscheinlich 10 Euro in der Stunde verdient. 1200 Euro habe ich für den Laptop bezahlt. Ich fand das damals teuer. Geld macht uns undankbar.

Nach der Weihnachtsbaumskeletterfahrung beschloss ich, es im kommenden Jahr anders zu machen. Und wenn man in der Marktwirtschaft ein Bedürfnis verspürt, dann kann man damit rechnen, dass jemand dieses Bedürfnis bereits antizipiert hat. So war es auch bei meinem Bedürfnis, einen Weihnachtsbaum zu besitzen, der in einem Topf steht und Weihnachten überlebt. Die Bäume, die wir als Weihnachtsbäume kennen, sind nicht dazu gemacht, in Menschenobhut zu gedeihen. Auf einem Balkon oder einer Terrasse zu stehen, in einem Topf. Denn sie bilden sogenannte Pfahlwurzeln, die schnell tief in die Erde vorstoßen. Dadurch halten Tannen schon als kleine Bäume starkem Wind stand, und auch in trockenen Sommern finden sie genug Wasser. Es ist also nicht möglich, in einer Wohnung, in der Stadt, eine Tanne zu besitzen, die man im Winter reinholt und schmückt und im Sommer draußen wachsen lässt. Denn Töpfe sind nicht tief genug, die Pfahlwurzel hätte keinen Platz, so weit nach unten zu wachsen, wie sie möchte.

Die Lösung: Baumschul-Nordmanntannen. Diese Tannen werden in unterirdischen Töpfen aufgezogen: erst in einem kleinen Topf, dann werden sie umgetopft in immer größere. Deshalb lernen sie, genügsam zu sein. Sie wurzeln nicht ganz so tief in den Boden hinein, es entsteht also keine Hauptschlagader des Baums, die man beim Ausgraben verletzen würde. Stattdessen bilden sie viele feine Wurzeln, über die sie sich mit Wasser und Nährstoffen versorgen können. Diese Bäume haben also gelernt, durchs Umgetopftwerden, auch auf begrenztem Platz zu wachsen. Sie werden an Berliner verliehen, die den gleichen Wegwerfschmerz wie ich empfinden, und anschließend entwe-

der ausgewildert oder in ihrem Kübel zurück in die Erde ge-
pflanzt, um im nächsten Jahr in einem anderen Wohnzimmer
zu stehen. Außer natürlich, sie sterben. Baumschulbäume sind
teurer als Plantagenbäume, weil das Umtopfen und Auswildern
für den Menschen Arbeit ist.

Dort, wo wir unseren Weihnachtsbaum holten, wurde die B-
und C-Ware der wiedereinpflanzbaren Bäume verkauft: schiefe
Tannen, solche mit kleinen, hellgrünen Spitzen an ihren Ästen,
und solche, die eher quadratisch als dreieckig waren. Tannen,
die auf einer Seite viele und auf der anderen gar keine Äste hatten. 30 Euro kostete ein kleiner Baum, plus 10 Euro Pfand. An
drei Terminen im folgenden Jahr konnte man die Bäume zu-
rückbringen. Wenn man sie nicht umgebracht hatte.

Wer in einem Industrieland lebt und die Natur liebt, begreift
sich selbst und die Menschheit im Allgemeinen als eine Be-
drohung. Wenn es den Menschen nicht gäbe, so die Annahme,
dann wäre alles besser.

Die Botanikerin Robin Wall Kimmerer beschreibt in ihrem
Buch *Geflochtenes Süßgras*, dass dem nicht so ist. Denn Menschen ernten seit hunderttausenden von Jahren Früchte, jagen
Tiere, fangen Fische, säen Pflanzen, fällen Bäume. Unsere Art
lebte eine relevante Zeit lang in Harmonie mit den verschiedenen Ökosystemen des Planeten, Menschen sind keine Fremd-
körper. Das menschliche Eingreifen in die Natur ist »natürlich«
in dem Sinn, dass Pflanzen, Tiere und Menschen aufeinander
angewiesen sind. Kimmerer zitiert dabei eine Studie ihrer Stu-
dentin Laurie Reid.[57] Für diese Studie wurden über Jahre hin-
weg drei Süßgrasfelder im gleichen Habitat beobachtet. Dabei
kam heraus, dass die Felder, die regelmäßig abgeerntet wurden,
gesünder waren. Sie hatten weniger braune Stellen und brachten mehr neue Halme hervor. So ist es mit allem: Der Mensch
fällt einen Baum, um ihn zu verbrennen, um die Kälte des Win-

ters zu überleben. Dort, wo der Baum stand, können die umliegenden Bäume ein Stück höher wachsen, weil sie nun mehr Licht bekommen. Problematisch wird es erst, wenn der Mensch alle Bäume fällt.

In einem sozialpsychologischen Experiment präsentierten Forscher der Universität Groningen 72 Probanden verschiedene Ressourcen, die sie ernten sollten. Manchen sagte man, die zu erntende Ressource sei knapp, anderen wurde Überfluss versprochen. Diejenigen, die mit Überfluss rechneten, ernteten mehr als diejenigen, die mit Knappheit rechneten. Aus kurzfristiger ökonomischer Perspektive ergibt das keinen Sinn. Denn ökonomisch gesehen sind knappe Dinge wertvoller als solche, von denen es viel gibt. Es würde sich also lohnen, davon so viel wie möglich zu ernten. Die Probanden dachten ganz von allein an die Zukunft der Ressourcen, obwohl diese nicht Teil des Experiments war.[58]

Die Botanikerin Kimmerer stellt die These auf, dass Menschen sich zum Überfluss hingezogen fühlen. Denn die Abfolge der Überflüsse, die die Natur bereithielt, haben jahrtausendelang das Überleben unserer Art garantiert. Wenn Obst oder Gemüse reif wurde, ergab es Sinn, viel davon zu ernten und viel davon zu essen, bevor es schlecht wurde. Aber wenn man einen seltenen Vogel oder eine seltene Blume sah, war es klüger, sie nicht zu töten, zu ernten, zu konsumieren. Denn damit hätte man zum Aussterben der Art beigetragen. Unser Verhalten wird also dadurch beeinflusst, ob die Dinge im Überfluss vorhanden oder knapp sind. Menschen besitzen eventuell so etwas wie einen angeborenen Sinn für (die Verschwendung von) Ressourcen.

Wir fuhren mit einem Carsharingauto zum Weihnachtsbaum-Pop-up-Store, der kein Laden war, eher ein Platz unter S-Bahn-Brücken, den die Mitarbeiter wie einen großen Garten gestaltet hatten. Jeder Baum trug an der Spitze einen farbigen Schnipsel, der die Preiskategorie auswies. Je größer, desto teurer. Ich fand Gefallen an einem kegelförmigen, hellgrünen Baum mit fein verästelten Armen, der aussah, als hielte er die Luft an. M. wollte lieber eine dunkelgrüne Tanne, der auf einer Seite so viele Äste fehlten, dass sie aussah, als hätten Igel sich darin eine Veranda mit Sprungschanze gebaut. Der Verkäufer riet uns zu letzterem Baum. Wir bekamen einen Pfandbon und einen Flyer mit der Pflegeanleitung. Darin stand, dass man den Baum so langsam wie möglich an die hohe Temperatur der Wohnung gewöhnen sollte.

Der Baum stand zwei Tage auf dem Balkon. Dann brachten wir ihn in den Keller, wieder für zwei Nächte. Über die nächste Stufe dachten wir lange nach – war er schon bereit für die Wohnung? Wir entschieden, nichts zu riskieren, und stellten ihn in den Hausflur vors Fenster, mit einem Brief an unsere Nachbarn. Der Baum müsse sich eingewöhnen, falls er im Weg stünde, sollten sie bitte Bescheid sagen. Wieder zwei Tage später holten wir ihn in die Wohnung, wo er einen Platz auf einem Hocker bekam, denn wir hatten gelesen, dass Fußbodenheizungen für Tannen quasi tödlich seien. Ich hielt die Wurzeln feucht, während ich gleichzeitig in permanenter Angst lebte, den Baum zu ertränken. Aber wir schafften es. Er überlebte die Adventszeit und Weihnachten und Silvester. Er bekam keine braunen Stellen, er nadelte nicht. Am ersten Januarwochenende brachte M. ihn zurück. Lebend. Wir bekamen die 10 Euro Pfand wieder. Der Baum hatte uns Freude geschenkt, wir hatten ihn im Gegenzug nicht sterben lassen.

Gute Beziehungen beruhen auf einem Geben und Nehmen.

Reziprozität ist das schlaue Wort dafür. Das gilt einerseits für die Beziehungen zwischen Menschen. Wenn wir jemandem häufig begegnen, wenn uns jemand häufig anlächelt, grüßt, dann wird derjenige uns ganz von allein sympathisch.[59] Soziale Medien nutzen diesen Effekt, indem sie reziproke Momente ermöglichen. Je mehr »Likes« oder Kommentare oder Nachrichten man sich gegenseitig online sendet, desto mehr hat man das Gefühl, der anderen Person zu vertrauen, auch wenn man sie gar nicht kennt.

Auch unsere Beziehung zur Natur ist im besten Fall reziprok. Wenn es im Sommer heiß ist, gießen wir die Pflanzen, die zu lange keinen Regenschauer abbekommen haben. Dafür können wir ein paar Wochen später die Früchte essen, die die Pflanzen hergestellt haben. Die Wirtschaftswissenschaftlerin Elinor Ostrom beschreibt in ihrem Buch *Governing the Commons*, dass Menschen absolut dazu fähig sind, gemeinsam genutzte Ressourcen auch gemeinsam zu verwalten. In den 1920er-Jahren waren etwa die Hummerbestände im US-Bundesstaat Maine fast bis zum Aussterben weggefischt worden. Die lokalen Fischer entwickelten also Entnahmeregeln. Heute zählt Maine zu den weltweit erfolgreichsten Zentren der Hummerfischerei.[60] Ostrom bekam für ihre Arbeit 2009 den Nobelpreis für Wirtschaftswissenschaften. Denn es gelang ihr, eine überholte Theorie zu widerlegen. In seiner Schrift *Die Tragik der Allmende* hatte der Philosoph Garret Hardin im Jahr 1968 argumentiert, dass so viele Ressourcen wie möglich privatisiert werden müssten. Denn wenn Menschen einfach so auf die Natur Zugriff hätten, dann würde das zur Zerstörung führen. Jeder denke schließlich nur an sich. Hardin nutzte das Beispiel einer Weide, um seinen Gedanken zu illustrieren. Wenn eine Weide mehreren Bauern zugänglich sei, würden alle Bauern ihre Kühe auf diese Weide schicken, bis kein einziger Grashalm mehr wachse und sie für immer ein Schlammfeld werde. Wenn sie jedoch einem Bauern allein gehöre, würde der darauf achten, dass die Fläche nicht übernutzt wird. Für diese Theorie hatte Hardin keinen Beleg. Es war lediglich ein Gedankenspiel, bei dem er von einem *homo oeconomicus* ausging, also von einem Menschen, der immer das unmittelbar Beste für sich selbst tun würde.[61] Inzwischen weiß man, dass Menschen durchaus soziale Wesen sind.

Geld ist das Gegenteil von Reziprozität. Geld ist ein Schuldschein. Ziemlich genau messbar dazu. Wenn ich 200 Euro besitze, schuldet die Welt mir Waren im Wert von 200 Euro. Ich kann in einen Supermarkt gehen und Lebensmittel im Wert von 200 Euro kaufen oder im Mediamarkt Kopfhörer für die gleiche Summe Geld. Weder für die Kopfhörer noch für die Lebensmittel habe ich etwas getan. Weder zum Verkäufer im Supermarkt noch zur Verkäuferin bei Mediamarkt muss ich eine Beziehung aufbauen. Denn die beiden erwarten nichts von mir im Austausch für die Dinge, außer eben den Geldwert, der auf den Preisschildern steht. Ich muss mich nicht bedanken. Weder bei den Verkäufern noch bei den Menschen, die die Bananen geerntet haben, das Mehl gemahlen, die Maschinen zum Mehlmahlen hergestellt, die Kopfhörer zusammengesetzt, das Plastik gebogen. Ich muss mich nicht bei der Sonne bedanken, die die Kirschen hat rot werden lassen, und nicht bei einem weit entfernten Boden, der dafür gesorgt hat, dass die Kirschen Nährstoffe aufnehmen, die ich jetzt wiederum zu mir nehme. Ich muss nicht fasziniert sein davon, dass ein Kirschbaum einfach weiß, wie man Kirschen macht. Die Kirschen kosten 9 Euro pro Kilo. Ich kann sie mir leisten. Das ist alles, was für mich relevant ist.

Wer Knappheit empfindet, verhält sich ängstlicher. In dem

Experiment der Forscher aus Groningen ernteten die Probanden am wenigsten, wenn ihnen gesagt wurde, dass die Ressource, um die es ging, durch Umwelteinflüsse verknappt wurde. Geldknappheit, das weiß jeder, der sie schon einmal empfunden hat, wirkt sich auf Körper und Seele aus. Sie führt zur Ausschüttung von Cortisol im Gehirn, also zu Stress, zu Angstzuständen, zu Depressionen. Wer wenig Geld hat, verhält sich ungesünder und trifft schlechtere Entscheidungen.

Wenn Geld in Fülle da ist, dann will man es loswerden, investieren, den Überfluss verwalten, den man geerntet hat. Es ist ein schönes Gefühl, mit einer Leiter und einem Eimer vor einem Kirschbaum zu stehen, dessen Früchte man gleich ernten wird. Es ist ebenso schön, in einem Geschäft vor einem Stapel T-Shirts zu stehen und auszusuchen, welche man gleich kaufen wird. Nach dem Kauf kommt dann die Enttäuschung, der Dopaminkick ist vorbei.[62]

In den vergangenen Jahrzehnten, ach, Jahrhunderten, ist das Leben der Ärmsten in Europa besser geworden, weil der Kapitalismus immer mehr Platz hatte, sich auszudehnen. Alles wurde immer mehr. Menschen haben die Böden umgegraben, die Europäer haben Kontinente eingenommen. Das System der Geldwirtschaft hat erst die europäischen Bauern gezwungen, die gemeinsam genutzten Felder aufzugeben, und dann die indigene Bevölkerung Nordamerikas gezwungen, ihr Leben in Gemeinschaften aufzugeben. Westliche Firmen haben Produkte in tausenden Kilometern Entfernung produzieren lassen, weil es billiger war, ein riesiges Schiff zu bauen und es mit Öl vollzupumpen, als es gewesen wäre, Roboter zu entwickeln, die die gleiche Arbeit erledigen, oder den Arbeiterinnen in Europa Löhne zu zahlen, mit denen sie überleben können. Überfluss wurde produziert, nur um wieder zerstört zu werden. Wir haben genommen, ohne jemals etwas zurückzugeben.

Im 19. Jahrhundert nahmen sich die Deutschen zum Beispiel vor, ihren Wald wissenschaftlich zu revolutionieren. Die Fichte, so fand man heraus, war schlichtweg der beste aller Bäume; schneller Wuchs, resistent gegen viele Wetterlagen. Die Fichte brachte den deutschen Forst zu Wohlstand und Ruhm. Fortan wurden Fichten in Reih und Glied angepflanzt, anstatt Mischwälder zu pflanzen, wo einst Mischwälder gewesen waren. Der Monokulturwald war vor allem für die armen Menschen ein Problem. Denn alles, was sie vorher aus dem Wald bekommen hatten, Nahrung, medizinische Kräuter, gab es nun nicht mehr. Nur Fichten. Für die Waldbesitzer machten die Fichten jedoch alles besser; Wald wurde rentabler, Holz war schneller zu ernten. Das »deutsche System« des Monokulturwaldes wurde in die ganze Welt getragen, es wurde an französischen Forstschulen unterrichtet, die wiederum von amerikanischen Förstern besucht wurden.

Heute sterben die Fichten in ganz Deutschland ab. Eine Borkenkäferplage machte die Monokulturwälder zu Brachen. Auf Überfluss folgte Knappheit. Beziehungsweise: Der Überfluss an Fichten war nicht echt. Er hat in den Böden zu Nährstoffknappheit geführt und bei zahlreichen Arten zu Lebensraumknappheit; Amphibien und Wasserinsekten etwa finden in einem Plantagenwald ohne Feuchtgebiete kein Zuhause. Wenn wir die Natur effizienter machen, dann bedeutet das, dass wir heute mehr nehmen und morgen dafür zwangsläufig weniger. Die Rechnung für die Fichtenplantagen kam hunderte Jahre später. Einige Förster versuchen nun, wieder Mischwälder zu kultivieren. Aber es hilft nichts mehr, dass sie das Problem erkannt haben – Dürren und Fluten, die häufiger geworden sind, gefährden den Baumbestand trotz allem.

Die Knappheiten, die wir heute spüren, sind nur Nachholeffekte. Es klingt schwülstig, aber der Planet ist ein einziger

Kreislauf, Staub wird zu Staub, »man kann nichts dazutun noch wegnehmen«, heißt es in der Bibel. Wenn man hundert Jahre lang hunderttausende Fichten erntet, dann wachsen irgendwann keine mehr. Ich finde es auf eine zynische Weise faszinierend, dabei zuzusehen, wie ein Gefüge aus Überflussprodukten bröckelt.

Im Sommer 2022 wurde in Deutschland zum Beispiel die Kohlensäure knapp. Kohlensäure ist ein Nebenprodukt der Düngerproduktion. Felder werden hauptsächlich mit Ammonium gedüngt, aber zur Ammoniumherstellung braucht man Gas. Da Russland kein Gas mehr an Deutschland lieferte, stockte in Deutschland die Düngerproduktion. Wenn man Gas aus der Erde holt, um Dünger herzustellen, um ihn auf Felder zu werfen, um Gemüse an Tiere zu verfüttern, um dann die Tiere zu essen, dann ist eigentlich total offensichtlich, dass das nicht für immer gut geht. Aber man merkt es nun eben zuerst an steigenden Sektpreisen. Der Lichtblick: Crémant. Denn Crémant produziert seine Kohlensäure selbst.

Gut möglich, dass all die Dinge, die wir heute ganz selbstverständlich finden und die vor 50 oder 100 Jahren nicht möglich waren – in den Urlaub fliegen, einen Mantel von einem anderen Kontinent bestellen –, in 50 Jahren nicht mehr möglich sind. Dass unsere Kinder es nicht nur schlechter haben werden als wir, sondern dass sie es katastrophal haben werden. Die Entwicklung von Gemeinschaften verläuft nicht linear. Entwicklungssprünge und technische Revolutionen gab es schon, bevor wir sie so genannt haben.[63] Und es gab eben auch immer wieder Rückschritte.

Diejenigen, die nicht genug Geld angehäuft haben, um sich aus jeder möglichen Problemlage herauszukaufen, werden diese Rückschritte spüren. Sie werden weniger haben als ihre Vorfahren, weniger Energie, weniger Platz, weniger sauberes Trinkwasser, weniger zu essen. Viele wahrscheinlich zu wenig, um zu überleben. Diejenigen, die Überfluss horten, sind sicher. Sie können sich vor der Wut der Mehrheit verstecken. Sie gründen Wohltätigkeitsstiftungen. Sie vererben das, was andere erarbeitet haben, an ihre Kinder, die nie gearbeitet haben. Wenn nicht mehr genug Dünger da ist, um jeder Familie einen Weihnachtsbaum zu züchten, dann werden Menschen mit Geld weiterhin Weihnachtsbäume haben. Man kann nur hoffen, für die Bäume, dass sich wenigstens der Trend mit den Töpfen durchsetzt.

68 EURO
für einen Skipass

Natürlich musste es so kommen, dass ich einfach verdammt gut Ski fahren kann. Wenn »Naturtalent« nicht so ein komischer Begriff wäre, dann würde ich sagen, dass ich das bin, im Skifahren. Es hat etwa fünf Stunden gedauert, zweimal Hinfallen, ein paar Übungen, bei denen ich auf übertriebene Weise das Gewicht von einem auf den anderen Fuß verlagern musste. Die Tochter eines Freundes hat mir alles beigebracht, sie war da 12 Jahre alt und hatte, glaube ich, schon als Kleinkind Skikurse belegt. Deshalb kannte sie alle Übungen, die man in Skikursen lernt, und alle Formulierungen. »Pizza fahren« heißt es zum Beispiel, wenn man die Spitzen der Ski ganz nah zusammenschiebt und ein bisschen in die Knie geht. Auf die Weise bremst man und steht gleichzeitig relativ sicher. Anfänger fahren immer Pizza. »Pommes« kommt erst als zweiter Schritt und bedeutet, dass beide Ski parallel zueinander stehen.

Sie fuhr also wieder und wieder mit mir den Berg runter, zeigte mir, wie man Lift fährt, rief mir zu, was ich als Nächstes versuchen könnte. Mit einer Leichtigkeit, die mich etwas einschüchterte: Sie konnte sich nicht vorstellen, dass ich all diese Dinge nicht können könnte. Oder gar, dass ich Angst haben könnte.

Das Wichtigste lernte ich sehr schnell. Wer ans Hinfallen denkt, der fällt auch hin. Deshalb lieber: in die Knie gehen, Po anspannen und aushalten, dass es wackelt. Irgendwie kommt man schon unten an. Besonders anstrengend finde ich Ski fahren eigentlich nicht. Viele tun ja so, als würde es sich beim Skiurlaub um eine sportliche Art von Urlaub handeln. Dabei hängt man die meiste Zeit faul in irgendwelchen Lifts, und wenn man dort nicht hängt, dann hängt man in der Schlange eines Hotel- oder Hüttenbuffets. Die meisten Leute kommen unfitter aus dem Skiurlaub zurück, als sie hingefahren sind. Weil sie sich berufen und berechtigt fühlen, jeden Tag mehrmals Käsespätzle zu essen und sehr viele Helle zu trinken.

Während ich auf dem Tellerlift hing – inzwischen war mir von meiner Lehrerin sogar erlaubt worden, mit Stöcken zu fahren, die man im Lift verkrampft umklammern muss –, fragte ich mich, ob man alle Dinge, die man tun kann, zu denen man also fähig ist, monetär oder körperlich, auch tun muss. Es gibt da keine Gesetzgebung, an die man sich halten könnte. Keine Leitsätze, keine Weisheiten. Ski fahren machte mir auf einer Skala von 1 bis 10 nur etwa 6 Spaß. Der Verzichtsschmerz, den ich gespürt hätte, wenn ich das Skifahren hätte sein lassen müssen, wäre recht geringfügig gewesen. Gleichzeitig fühlte ich mich berechtigt, Ski zu fahren, weil ich genug Geld habe, um mir Skier zu mieten und einen Tagespass zu kaufen. Genau wie sich andere Leute berechtigt fühlen, eine Kreuzfahrt zu unternehmen, weil sie ein Jahr lang darauf gespart haben. Kreuzfahrten sind ein Armageddon für den Planeten, aber der Spaß der Kreuzfahrer ist so groß (vielleicht sogar bei 12), dass sie dieses Problem hintanstellen. Ich entschied, dass es auf jeden Fall nicht schaden könnte zu schauen, ob mein Spaß am Skifahren noch größer werden könnte.

Die Tageskarte für den Lift hatte M. mir morgens besorgt, 16 Euro kostet es, wenn man nur die kleinen Hänge hoch- und runterfahren will, einen Tag lang. Wir befänden uns in einem günstigen Skigebiet, wurde mir gesagt, denn ein Skipass für 7 Tage kostete hier nur 208 Euro. Nach meinem kleinen

Kurs holte ich mir einen Skipass für zwei Tage, auch für die großen Lifte, die zu den langen, aufregenderen Skistrecken hochfahren. 68 Euro, der Preis für absolute Selbstüberschätzung, aber das konnte ich da noch nicht wissen.

Kennen Sie die erste Seite der *Buddenbrooks*? Da fahren zwei Kinder mit dem Schlitten einen Berg runter, steil bergab. Dann fallen sie hin und kullern hinunter. Das ist ein RomanautorenTaschenspielertrick beziehungsweise eine Romanautorenarroganzgeste von Thomas Mann. Die erste Seite des Romans enthält bereits die ganze Geschichte. So sollten Romane sein, damals. Für die großbürgerliche Familie Buddenbrook geht es bergab; die nächste Generation, die Kinder, werden letztlich am Fuß des gesellschaftlichen Bergs liegen, ihre Kleidung beschmutzt. Und das alles nur, weil sie ein paar Sekunden Ekstase wollten. Was für eine Metaphorik! Fiel mir nur gerade ein.

Ich finde es absurd, dass so etwas wie Skifahren überhaupt existiert. Für Skipisten werden Bäume gefällt, Felsen gesprengt. Von unserem Hotelzimmer aus konnte ich nachts die Fahrzeuge sehen, die die Böden planierten, also den Schnee platt fuhren. »Ist das die Pistenrobbe?«, habe ich M. gefragt, der neben mir lag. »Pistenraupe«, hat er geantwortet. Egal, welchen Tiernamen man diesem Monstrum gibt, die Pistenplaniermaschinen sorgen dafür, dass die Böden zusammengedrückt werden, fester als eine dicke Schneedecke allein das jemals könnte. Die einzelnen Bestandteile des Bodens, die Mineralien, der Humus, werden dadurch so fest gepresst, dass sie kein Wasser mehr aufnehmen können. Beim nächsten Regen kann der Boden dadurch wegrutschen – auch, weil ja keine Baumwurzeln mehr da sind, um ihn zusammenzuhalten. Die Bäume wurden nämlich vorher gefällt, damit man durch die Schneisen in den Nadelwäldern Ski fahren kann. Zu der ganzen Exzentrik kommt der Strom hinzu, den es braucht, damit die Lifte die Leute auf den

Berg hochziehen können, mit beheizten Sitzen, und die Abgase, die die Autos ausstoßen, mit denen die Urlauber in die Skigebiete reisen. Andererseits: Besser als auf die Malediven zu fliegen ist es allemal. Und das Hotel, in dem wir übernachteten, hatte eine große vegane Auswahl am Buffet.

Wir sind Zug gefahren in den Skiort. Das führt nicht direkt dazu, dass es den Bäumen besser geht, oder den Wildtieren, aber ich habe gelesen, dass 75 Prozent der CO_2-Emissionen eines Skiurlaubs bei der An- und Abreise entstehen. Und ich war offenbar nicht die Einzige, die das gelesen hatte, denn die Züge auf dem Weg zu unserem Skiort waren bumsvoll.

Im Regionalexpress zwischen Augsburg und Fischen saßen wir einem Jungen und seiner Oma gegenüber. Sie unterhielten sich darüber, welchen Komponisten der Junge am meisten mag. Mendelssohn. Einen anderen mochte er nicht, den Namen habe ich vergessen, aber die Begründung des Jungen lautete, dass dessen Lieder »eigentlich alle gleich« klängen. Mendelssohn habe sich da mehr Mühe gegeben. Ich dachte in dem Moment: Was für eine wahnsinnige Überheblichkeit, mit zehn, elf Jahren. Sich anzumaßen, darüber zu richten, welcher Komponist die »besseren« Lieder komponiert hat. Woher kennt er diese Sätze, diese Kategorien? Aber wie toll auch. Wie toll ist es, ein Kind zu haben, das sich sicher ist in seinen Urteilen. Das die Welt als seinen Spielplatz begreift. Ein Skiurlaub-Kind. Ein Kind, das den Anspruch stellt, über Musik so viel zu wissen wie berühmte Komponisten. Ich bin sicher, dass dieser Junge mit der Welt hervorragend zurechtkommen wird.

Ich traue mir viele Dinge nicht zu. Ich traue mich nicht, im Hotel nach einem anderen Zimmer zu fragen. Ich traue mich nicht, auf dem Markt eine Schale Erdbeeren auszusuchen, ich schiebe es ewig vor mir her, irgendwelche Hotlines anzurufen, und ich halte immer meine Klappe, wenn mich etwas nervt.

Manchmal in solchen Situationen sagt M. zu mir: »Stell dir vor, du wärst auf Recherche.« Denn das ist das Komische: In der Reporterinnenrolle traue ich mich alles. Ich klingele an Haustüren und halte Leute auf der Straße an, um ihnen Fragen zu stellen. Ich rufe jeden an. Mir ist nichts peinlich, ich fühle mich überall, als wäre ich vollkommen berechtigt, dort zu sein. Als Reporterin könnte ich über Mendelssohn richten, obwohl ich nicht mal weiß, wo bei einem Klavier oben und unten ist.

Menschen, die ihr Leben mit wenig Privilegien begonnen haben und denen ein sozialer Aufstieg möglich war, sprechen oft davon, an einem »Imposter-Syndrom« zu leiden, also auf Deutsch: Hochstaplersyndrom. Sie meinen damit das Gefühl, nichts verdient zu haben. Das Gefühl, dass sie jederzeit auffliegen könnten, als Nichtskönner. Sie machen sich permanent selbst Druck, weil sie denken, sie müssten allen etwas beweisen. Ihr Recht, einen bestimmten Job zu haben, an einem bestimmten Ort zu leben, in einer bestimmten Gesellschaft. Schöner wäre es, finden sie, wenn sie eins mit sich sein könnten. Selbstvertrauen hätten. Wüssten, wie viel ihre Arbeit wert ist. So ist es nämlich, wenn man mit Privilegien aufwächst: Man traut sich mehr zu.

Inzwischen bin ich mir ziemlich sicher, dass das Hochstaplersyndrom eine Fehldiagnose ist. Ja, das Gefühl existiert. Aber es resultiert lediglich aus einer realistischen Einschätzung der Realität. Denn die ganze Welt ist ungerecht. Jobs bekommt man über Kontakte, nicht primär über Qualifikation. Auftreten und Aussehen sind bei Vorstellungsgesprächen letztlich wichtiger als das, was im Lebenslauf steht. Dauernd landen Leute in Berufen oder an Positionen, für die sie eigentlich nicht qualifiziert sind. Überhaupt: Viele Menschen, die sehr gut bezahlt werden, arbeiten sehr wenig, während viele andere, die sehr schlecht bezahlt werden, körperlich anstrengende Arbeit verrichten, mit Überstunden. Wer am Hochstaplersyndrom leidet, hat einfach nur die Realität erkannt. Nämlich, dass die Welt, ja, das ganze Leben, eine Aneinanderreihung von Zufällen ist. Der Zufall der Geburt, in ein bestimmtes Jahrzehnt, in eine bestimmte Familie. Der Zufall eines Treffens, der Zufall eines Jobangebots, der Zufall einer Studienwahl, weil man keine andere Idee hatte, oder einer Ausbildung, weil im Betrieb noch eine Stelle frei war. Sehr gut möglich, dass da draußen eine Person ist, die für genau die Stelle besser qualifiziert wäre, nur eben Pech hatte.

Apropos Pech. Am letzten Urlaubstag fiel ich unglücklicherweise auf den Kopf. Keine Ahnung, was genau passiert ist. Ich wollte einen steilen Hang herunterfahren, »Pizza«-Stil, denn der Hang war vereist. Es hatte geregnet, überall lagen Schneeknubbel herum, es war wackelig. Dann habe ich wahrscheinlich zu viel nachgedacht darüber, wohin ich mein Gewicht verlagern sollte. Auf jeden Fall spürte ich einen Schlag auf den Helm, am Hinterkopf, und meine Beine waren nicht mehr da, wo ich sie vermutet hatte. Niemand, den ich kenne, hat den Sturz gesehen, deshalb konnte mir auch niemand sagen, ob er eventuell spektakulär aussah.

Kurz dachte ich, ich könnte einfach weiterfahren. Ich zog die Ski wieder an. Aber fünfzig Meter weiter stand ich an einem sehr kurzen, etwas steileren Hang, nach dem direkt eine scharfe Kurve folgte, schaute in die Tiefe und fing an zu heulen. So ein richtig verzweifeltes Schluchz-Weinen, wie man es als Erwachsene kaum noch kennt, außer jemand stirbt sehr überraschend. Ich konnte nicht mal mehr selbst meine Skier abnehmen, so viel Angst hatte ich davor, durch eine falsche Bewegung wieder hinzufallen. Den Rest des Weges lief ich zu Fuß, beziehungsweise rutschte auf dem Po – den Rest des Tages verbrachte ich damit, im abgedunkelten Hotelzimmer die Namen von Prominenten zu googeln, die bei Skiunfällen verunglückt waren. Ich ärgerte mich, dass ich so eine unnötige Kamikaze-Sportart jemals ausprobiert hatte. Und ich ärgerte mich, weil das Wetter draußen so schön war, ich aber wirklich nicht rausgehen konnte. Skifahren, dachte ich, ist die einzige Form der Selbstzerstörung, die dem Bürgertum noch geblieben ist. Anstatt zu rauchen und bei McDonald's zu essen, brechen reiche Leute sich auf der Piste die Knochen. Weil sie es können. Wenn alle Leute in den Skiurlaub fahren würden, wären wahrscheinlich in Süddeutschland und Österreich die Intensivstationen den ganzen Winter lang überlastet.

Während ich im Hotelbett lag, lief im Fernsehen die Abschiedszeremonie der Olympischen Winterspiele in Peking. Es wurden chinesische Kleinkinder gezeigt, die beim Wintersport hinfielen. Mini-Skifahrer, die sich überschlugen, Mini-Eisläuferinnen, die auf den Po plumpsten. Der deutsche Kommentator sprach sorgenvoll darüber, dass die Wintersportindustrie den chinesischen Markt entdeckt habe, was nun dazu führe, dass die Chinesen den umweltschädlichen Wintersportarten nachgingen. Er sagte das, als würde er sich wünschen, dass keine Chinesin jemals Pizza- und Pommestechnik lernt. Eine durchaus europäische Haltung. Wir haben die Industrie erfunden und die Atmosphäre ruiniert, erwarten nun aber von anderen, dass sie das bitte unterlassen. Wir haben die Bäume auf unseren Hängen gefällt und ein Fahrzeug entwickelt, das »Planierraupe« heißt, wünschen uns aber nun, dass weiterhin nur weiße Personen Goldmedaillen bei Winterspielen gewinnen.

Wintersport ist anmaßend, er ist teuer und schädlich und macht nur mittelmäßig viel Spaß. Nächstes Jahr bin ich wieder dabei.

590 000 EURO
für eine gar nicht mal so schöne Wohnung in Pankow

Unsere Vermieterin ist im Allgemeinen sehr nett, sie kümmert sich um alles, sie lässt uns in Ruhe, sie ist kein Immobilienhai und kein schwedischer Rentenfonds.

Aber manchmal wache ich nachts auf und habe einen dieser klaren Momente. *Du zahlst mit deiner Miete den Kredit einer anderen Person ab*, ist der Satz, der dann in meinem Kopf durchläuft wie auf einer dieser Leuchtreklametafeln, die vor Berliner Spätis hängen. Wenn es meine eigene Wohnung wäre, wenn ich mir selbst bei der Bank Geld geliehen hätte, um eine Immobilie zu kaufen, dann würde ich Eigentum bilden. Ich hätte etwas, das ich vererben könnte. Etwas, das mir Sicherheit gibt im Alter. Stattdessen habe ich nur einen Mietvertrag, der jederzeit gekündigt werden kann. Unsere Möbel stehen vielleicht auf Parkett, aber ob sie dort stehen, hängt ab von der Gunst einer Person, die wir kaum kennen. Vermieter dürfen Mietern alle möglichen Fragen stellen, Mieter hingegen haben kein Recht darauf, über die privaten Umstände derjenigen informiert zu werden, deren Kredite sie abbezahlen.

M. sagt, dass er keine Immobilie brauche. Das hat ihm wiederum sein Steuerberater gesagt, denn M. wird Immobilien erben. Ich hingegen, auch das hat M.s Steuerberater gesagt, ohne mich zu kennen, einfach nur aus Erzählungen über meine finanzielle Situation, brauche eine Immobilie. Um mit 75 Jahren weiter zu der Schicht zu gehören, in die ich mich eingezeckt habe. Letzteres hat der Steuerberater nicht gesagt, das habe ich hinzugefügt. Ich brauche eine Immobilie, die im Wert steigt, eine Immobilie, die man bei der Bank als Sicherheit angeben oder verkaufen kann. Brauchen. Ich wiederhole in meinem Kopf immer wieder das Wort, das der Steuerberater benutzt hat, um meine Situation zu beschreiben. Brauchen, brauchen, brauchen. Ich brauche eine Immobilie.

Wenn wir uns das Paradies vorstellen, aus dem Adam und Eva vertrieben wurden, dann ist es ein abgeschlossener Raum. Die unchristliche Version dieser Paradies-Vorstellung ist das von Platon entworfene Atlantis; eine Insel, fernab der Zivilisation, auf der es einen idealen Staat gibt, dazu Bodenschätze, einen Tempel. Eine Armee außerdem, die all das verteidigt. So etwa wie im Film *Die Truman-Show*: Eine große Halle, deren Enden man nicht sehen kann – aber man weiß, dass sie existieren. Ein Ort, aus dem man nicht wegwill, weil es dort alles gibt.

Es ergibt evolutionär Sinn, dass wir uns nach Abgeschlossenheit sehnen, nach dem Für-sich-Sein einer kleinen, eingeschworenen Gruppe, die das Außen nicht braucht; denn von außen kommen Seuchen, die eine ganze Zivilisation vernichten können. Von außen droht immer Gefahr.

Die utopischen Orte unserer Zeit sind mit dieser Vorstellung vom Paradies und von Atlantis eng verknüpft. Beschauliche Skidörfer in den Bergen. Oder die Karibik, die Malediven. Kleine Inseln mitten im Meer, auf denen Bungalow-Ferienhäuser stehen, fernab von allem, was nervt. Auf Airbnb gibt es tausende »Hide-Aways«, Ferienhäuser auf dem Land, um die nichts herum ist und in die Städter fahren, um einfach nur miteinander oder mit sich selbst allein zu sein. Freud beschrieb in *Das Unbehagen in der Kultur* das Wohnhaus als einen »Ersatz für den Mutterleib, die erste, wahrscheinlich noch immer ersehnte

Behausung, in der man sicher war und sich so wohl fühlte«. Francis Bacon entwarf mit seinem Roman *Neu-Atlantis* (1627) eine utopische Gesellschaft, die auf einer fiktiven Südseeinsel angesiedelt ist, fernab vom Rest der Welt. Ende der 1980er-Jahre sponserte ein amerikanischer Milliardär ein Forschungsprojekt mit dem Namen »Biosphäre 2«, bei dem versucht wurde, eine autonome Kapsel zu schaffen, mit der Menschen losgelöst vom Planeten durchs Universum schweben könnten, gemeinsam mit 4000 Pflanzen- und Tierarten. Es klappte nicht.[64]

Wir alle haben ein Höhlen-Bedürfnis. Wir wollen abschließbare, sichere Orte bewohnen. Und ich glaube, deshalb wünschen sich so viele Leute eine Eigentumswohnung. Einen Ort, aus dem sie nicht mehr wegmüssen, weil dort alles richtig ist.

Die Eigentumswohnung, in der ich mich verstecken wollte, gibt es noch nicht. Sie soll neben einem Park entstehen, 45 Minuten würde ich mit dem Rad von dort nach Mitte brauchen. Das ist okay, dachte ich, denn ich würde ja sowieso nicht mehr so viel im Büro arbeiten, wenn ich eine Höhle hätte, die mir gehört.

Es ist Winter, kurz vor Weihnachten, als ich mit M. dort spazieren gehe, um die Umgebung anzuschauen. Wir gehen an Neubauten vorbei, Apartments und Townhäusern, es ist komischerweise sehr still, obwohl es aussieht, als würden in den Wohnungen Kinder leben. Alle hundert Meter kommen uns Leute entgegen, die Tannenbäume transportieren, aber nicht im Auto, sondern auf ihren Fahrrädern. Sie bringen die Bäume in ihre Wohnhöhlen, denke ich, in ihre perfekten Leben mit ihrem perfekten Parkett und ihren perfekten Krediten, die sie selbst abzahlen, mit ihren Obere-Mittelschichts-Gehältern, die es ihnen vor zehn, fünfzehn Jahren noch ermöglicht haben, eine Immobilie in Berlin zu kaufen.

Ein paar Wochen später stehen wir vor einem großen, unsympathischen Bürogebäude an einer großen, unsympathischen Schnellstraße im Berliner Westen. Hier sitzt die Vermarktungsabteilung der Baufirma, auf beigen Teppichen, in großen Räumen mit kleinen Fenstern und ohne Bilder an der Wand. Ein Typ empfängt uns, er sieht ein bisschen aus wie Gabe aus *The Office*, oder, für alle, die die Serie nicht kennen: ein Lulatsch. Aber total freundlich.

Er sagt uns innerhalb der ersten Minuten unseres Gesprächs, dass der Kaufvertrag sehr bauherrenfreundlich ist, dass wir also schon leicht verarscht werden, aber da es inzwischen kaum noch gute Neubauprojekte in Berlin gebe, sei das normal. Ich frage mich, warum der Mann so ehrlich ist. Wahrscheinlich sieht er uns an, dass wir eher aufgrund eines Anflugs von Träumerei hier sind. Dass wir nicht geerbt haben und auch nicht im Lotto gewonnen. Die schönsten Wohnungen – er deutet auf den Grundriss, auf perfekt geschnittene fünf Zimmer mit Garten, mit Blick zum Wasser – haben sich ganz zu Beginn des Projekts die Bauingenieure gesichert, die das Haus geplant haben. Ein Zeichen von guter Qualität, sagt der Berater. Ich denke: Ein Zeichen dafür, dass ich den falschen Job gewählt habe.

Die Wohnung, die noch frei wäre, soll vier Zimmer haben, ein Balkon würde »von der Diele ausgehen«, sagt der Beratertyp (ich sage: vom Flur), mit Blick in den Innenhof. Wir könnten in zweieinhalb Jahren einziehen, vielleicht schon früher, ich müsste mich nur bis an mein Lebensende verschulden.

Erstes Szenario: Ich bin bis an mein Lebensende verschuldet für eine Wohnung, die weit draußen ist und einen Nord-Ost-Balkon hat. Zweites Szenario: Wir stehen da, also in unserer Mietwohnung, in sechs Jahren, mit zweieinhalb Kindern in drei Zimmern, vollkommen verzweifelt und gelagerkollert, und müssen dann in eine Wohnung ziehen, die irgendein Bauingenieur jetzt gerade kauft, weil er nicht so lange nachdenkt wie ich. Dann bezahlen wir seinen Kredit ab und zahlen noch ein paar hundert Euro drauf. Einfach, weil er es verlangen kann. Weil wir so verzweifelt sind. Sein werden. Ich bin unschlüssig, welche Version der Zukunft mich mehr beunruhigt.

Der Typ, der uns beraten sollte, hat in Wirklichkeit nur mit M. gesprochen. Er hat sich Mühe gegeben, mich mit einzubeziehen, aber als M. kurz zur Toilette gegangen ist, hat er gar nichts mehr gesagt.

Ich würde auch in eine Platte ziehen, wenn ich von ganz oben einen tollen Blick hätte. Würde mir das Treppenhaus mit 800 Parteien teilen, fände es in Ordnung, dass die Kinderzimmer nur acht Quadratmeter hätten und wir unseren Kleiderschrank verkaufen müssten, weil er nicht unter die niedrigen Decken passt. Ich finde Wände wichtig, Ruhe für jeden Einzelnen – Höhlen eben. Wie groß die sind, wie viel Platz man hat, das ist mir ganz egal.

M. hingegen ist nicht bereit, Kompromisse einzugehen. Er glaubt ans Paradies. Wir ziehen nicht aus, wenn es nicht perfekt ist. Wir ziehen schon gar nicht in eine Wohnung, nur weil sie einem von uns zufällig gehört. Die Lage muss gut sein, Balkon nach Westen, große Kinderzimmer. Hätte diese Immobilie alles nicht.

Wir nehmen den bescheuerten Ordner mit den Grundrissen mit, auf dem *Mein neues Zuhause* steht und der Name des Bauträgers. Aber wir ziehen nicht ein, weil sie M. nicht genügt, diese Wohnung. So behaupte ich das jetzt einfach mal. Wobei der wahre Grund ist, dass ich die Zahlen bei meiner Bank eingegeben habe, in so einen Rechner, und dass grob gesagt rauskam, dass ich mir die Wohnung schon leisten könnte, aber dann eben nichts anderes mehr, außer Essen und Strom, bis zur Rente. Was jetzt wirklich nicht ideal ist und wovor ich auch Angst hätte.

Wir werden also in fünf, sechs Jahren mit zweieinhalb Kindern in eine Wohnung ziehen und 3500 Euro Miete an irgendeinen Bauingenieur zahlen, weil er heute schon mehr Geld hat als wir. Er ist nicht klüger, nicht weitsichtiger. Er ist nur früher geboren worden als ich, hat einen Beruf, der mehr wert ist, hat geerbt. Die ökonomischen Voraussetzungen der Einzelnen sind der wichtigste Grund, warum manche Menschen gewinnen und manche verlieren. Warum manche »klug anlegen« und manche nicht.

Mitte der 1990er-Jahre zahlten Menschen in Deutschland zwischen 20 und 25 Prozent ihres Nettoeinkommens für die Miete.[65] Diejenigen, die viel Einkommen hatten, zahlten nur 18 Prozent – das ist ein recht marginaler Unterschied zu 25 Prozent bei den Ärmsten. Aber 30 Jahre später, 2018, zahlt das einkommensschwächste Fünftel im Durchschnitt 40 Prozent seines monatlichen Nettoeinkommens für die Miete.[66] Das reichste Fünftel dagegen knapp 21 Prozent. Heißt: Wer von 1800 Euro im Monat lebt, zahlt wahrscheinlich um die 700 Euro Miete. Arbeitet also einen Großteil der Zeit dafür, ein banales Grundbedürfnis zu stillen: ein verdammtes Dach über dem Kopf zu haben. Das Geld, das die unteren Klassen erwirtschaften, fließt durch Mietzahlungen zu großen Teilen wieder an diejenigen zurück, denen sowieso schon alles gehört.

Friedrich Engels hat Wohnen gewissermaßen als Klassenverrat empfunden. »Die Sicherheit der Wohnung«, schrieb er, »wird heute unter der Herrschaft der großen Industrie nicht nur die ärgste Fessel für den Arbeiter, sondern das größte Unglück für die gesamte Arbeiterschaft.«[67] Engels argumentierte, dass Menschen, die sich nach einer Höhle sehnen, nach einer Wohnung, in der sie bleiben können, korrumpierbar sind. Denn wer in einer bestimmten Wohnung bleiben möchte, braucht auch einen Job, der in erreichbarer Nähe ist. Das schwächt die Verhandlungsposition der Arbeiter gegenüber den Unternehmern. Ein Arbeiter, dem es egal ist, wo er wohnt – so die These von Engels –, kann sich besser gegen einen Chef zur Wehr setzen, der miese Löhne zahlt. Wer hingegen ein Eigenheim am Stadtrand kauft, der muss sich fügen. Sesshafte Arbeiterinnen haben keine Kapazitäten für Revolution. Wenn die Arbeiterinnen ortsunabhängig wären, könnten sie ihre Arbeitskraft immer dort verkaufen, wo die Bedingungen am besten sind. Was dazu führen würde, dass die Bedingungen sich überall verbessern.

Engels war deshalb dafür, dass die Arbeiter sich einen Nomadismus aneignen: Die Menschen sollten Freiheit ebenso annehmen wie das Kapital, das über den ganzen Erdball zieht, um den Profit zu mehren.[68] Das ist wiederum eine krasse Schlussfolgerung; anstatt zu fragen, wie Menschen leben wollen, was ihnen Freude macht; wie ein Umfeld aussähe, in dem sie gern existierten, begreift man sie nur in ihrem Aufbegehren gegen das Kapital.

Dennoch, keine Sorge, lieber Herr Engels, der Nomadismus entsteht ganz von allein, man muss sich dafür gar nicht unnötig emanzipieren: Anhand einer Analyse von Steuerdaten der Jahre zwischen 1999 und 2001 fanden Wissenschaftler heraus, dass Millionäre sesshafter sind als die Gesamtbevölkerung. Die Menschen mit den niedrigsten Einkommen wechselten hingegen am häufigsten ihren Wohnort.[69] Derweil kann ich mir eh keine Wohnung leisten, in der ich wohnen will. In der wir wohnen wollen würden. Es gibt kein Recht auf Wohnen im Innenstadtbereich, es gibt aber auch kein Recht auf eine gute ÖPNV-Anbindung im Außenstadtbereich, es gibt kein Recht auf schönes Wohnen, es gibt schon gar kein Recht auf Immobilienerwerb. Die meiste Zeit komme ich mir vor wie jemand, der von unserem Wirtschaftssystem inzwischen profitiert; am Immobilienmarkt aber erlebe ich die Grenzen meines eigenen, mickrigen Einkommenswohlstands. Was ich mir leisten könnte, gerade so, sind Zwei-Zimmer-Küche-Bad, bei uns um die Ecke im unsanierten Altbau. Da finde ich bestimmt jemanden, der dort einzieht und mir meinen Kredit abbezahlt, während ich den Kredit unserer Vermieterin abbezahle.

Die krasse Steigerung von Miet- und Baupreisen hat viele Gründe. Strategischer Leerstand ist einer davon; Investoren kaufen Wohnungen und lassen dort niemanden einziehen, weil sie darauf spekulieren, sie als »Erstbezug« in ein paar Jahren für den doppelten Preis vermarkten zu können. Nicht in allen Bundesländern ist dieser Trick verboten, und in so gut wie keinem Bundesland kann vernünftig überprüft werden, welcher Investor ihn wo anwendet.

Interessant ist aber, dass der Immobilienmarkt zeigt, wie sehr Märkte von Zufällen bestimmt sind; dass Preise aus Diskursen entstehen. Aus Stimmungen. Wer vor 30 Jahren eine Wohnung in Prenzlauer Berg gekauft hat, der könnte sie heute wahrscheinlich für das Achtfache verkaufen. Weil sich die Ansicht durchgesetzt hat, Prenzlauer Berg sei eine Wohngegend, in der man leben möchte. Aber diese Ansicht ist erst einmal konstruiert, sie hat keinen verallgemeinerbaren Grund. Die Nachfrage nach Wohnraum in Prenzlauer Berg könnte in 40 Jahren wieder zurückgehen. Vielleicht sind dann Altbauten nicht mehr schick. Oder Berlin ist explodiert. Oder der Klimawandel ist so weit fortgeschritten, dass es in Prenzlauer Berg gar nicht mehr auszuhalten ist, weil es im Winter Stürme gibt und es im Sommer noch heißer ist. Dann fallen die Wohnungen auf einmal im Wert, ohne dass sich etwas an ihrer Substanz geändert hätte.

Andersherum würde man ja meinen, dass die Preise, die für Grundstücke und Mieten verlangt werden, wenigstens die »natürlichen« Preise sind, gebildet aus Angebot und Nachfrage. Was bedeuten würde, dass Vermieter so viel verlangen, wie die Mieter bereit sind zu zahlen.

Es gibt jedoch Gesetze, die dafür sorgen, dass Mieten immer weiter steigen und Grundstückspreise auch: Stellen Sie sich vor, Sie besäßen ein großes Haus in Berlin-Neukölln. Für dieses Haus zahlen Sie jährlich eine Grundsteuer. Dass Sie diese Steuer zahlen, ergibt im Kern Sinn, denn es gibt nicht unbegrenzt Boden in diesem Land, das ja eigentlich allen Bürgerinnen gleichermaßen gehören sollte. Wer also Boden besitzt, der sollte deshalb Geld an die Allgemeinheit zahlen, weil dann niemand anders diesen Boden besitzen kann, weil niemand anders dort Getreide anbauen oder auf einer Wiese liegen kann. Die Grundsteuer muss man aber irgendwie berechnen. Ihre Berechnung wurde 2022 reformiert. Entscheidend für die Höhe der Grundsteuer sind weiterhin zwei Werte: Wie viel kostet der Boden, auf dem das Haus steht? Und wie viel Kaltmiete kann man mit einem Haus wie diesem in dieser Lage verdienen?

Sicher gibt es Vermieter da draußen, die den Wohnungsmarkt auch total schlimm finden. Die lieber die Mieten senken würden, normale Leute einziehen lassen und nicht alleinstehende Unternehmensberaterinnen, die eh nur unter der Woche da sind, weil sie das Wochenende mit ihrer Familie im freistehenden Architektenhaus verbringen. Aber die Vermieter wären ziemlich blöd, wenn sie das täten. Denn die Grundsteuer berechnet sich ja anhand der durchschnittlichen Mieten an dem Ort, an dem ihr Haus steht. Nicht danach, welche Mieten tatsächlich gezahlt werden. Wer also weniger Miete verlangt, als es dem Mietspiegel entspricht, der verzichtet auf leicht verdientes Geld. Und zahlt bei der Grundsteuer zu viel.

Und dann ist da noch der Preis des Bodens. Der sich aus dem Bodenrichtwert ergibt. Der Bodenrichtwert gehört zu den allerabsurdesten Kennzahlen, die ich bisher kennenlernen durfte. Er wird aus »amtlichen Kaufpreissammlungen« ermittelt, die von »Gutachterausschüssen für Grundstückswerte geführt werden«. Das klingt anspruchsvoller, als es ist. Alle zwei Jahre setzen sich in schnöden Büroräumen in ganz Deutschland ein paar Männer zusammen. Ich habe nicht recherchiert, ob auch Frauen dabei sind, aber ich gehe davon aus, dass es eher wenige sind. Von den Männern ist mindestens einer Beamter beim Landratsamt oder Kreisverwaltungsreferat. Andere arbeiten beim Finanzamt. Dann gibt es noch »Ehrenamtliche«, die als Bauingenieure, Architekten oder Makler arbeiten. Oder als Sachverständige bei Banken und bei Versicherungen. Für einige dieser Berufe gilt, dass sie von einer Steigerung der Bodenrichtwerte durchaus profitieren. Denn je wertvoller die Projekte sind, die Architekten oder Makler planen und vermarkten, umso mehr Geld verdienen sie ja selbst daran.

Diese Männer bekommen eine Liste von Kaufpreisen vorgelegt. Zusammenfassungen darüber, zu welchen Preisen Wohnungen oder Häuser in der Region, für die sie den Bodenrichtwert ermitteln sollen, in jüngster Zeit verkauft wurden. Anhand dieser Liste schätzen sie dann, wie viel der Boden von nun an wert sein soll. Schätzen! So entsteht der Wert, der dafür sorgt, dass viele Menschen, die Bauland besitzen, das sie nicht bebauen lassen, jedes Jahr reicher werden. Ein Wert, der determiniert, wie viel Grundsteuer Hausbesitzer in ganz Deutschland zahlen. Von wegen unsichtbare Hand, von wegen magischer Markt. Männer in Anzügen legen fest, was Preise sind.

Ein paar Tage nach dem Wohnungsgespräch bekomme ich eine Mail vom Berater. Die Wohnungen sind fast alle schon weg, nur eine sei noch übrig. Was auch daran liegt, dass die Kinderzimmerfenster direkt über der Tiefgarageneinfahrt liegen und das Wohnzimmer zur Wärmepumpe raus: »In ein paar Jahren, wenn die Pumpe lauter wird, könnte das stören«, hatte er gesagt. Wir müssten uns jetzt entscheiden, schreibt er, auch, weil die Förderung der Kreditanstalt für Wiederaufbau bald endet. Also der Bank, die dafür zuständig ist, im Auftrag der Bundesregierung am Staatshaushalt vorbei Geld auszugeben für Dinge, die förderungswert sind.

Diese Bank hatte bis zum Januar 2022 ein Programm, bei dem man als Käufer oder Bauherr bis zu 18 000 Euro geschenkt bekam, wenn man Geld für ein energieeffizientes Haus oder eine effiziente Eigentumswohnung ausgab. 18 000 Euro, das ist 90mal so viel Geld, wie Deutschland als »Ausgleich« für Preiserhöhungen und Pandemie bis Ende 2022 an Hartz-IV-Empfänger zahlte. 18 000 Euro, die von manchen Banken, zum Beispiel der Sparkasse Berlin, auch als Eigenkapital gewertet wurden und bei einer Kreditvergabe direkt mit eingerechnet. Was wahrscheinlich zur weiteren Verteuerung von Wohnraum führte – denn die Baufirmen wussten, dass sie die Preise wegen der KfW-Förderung noch ein kleines bisschen mehr anheben konnten. Das Geld ging also von Deutschland direkt an die Aktionäre der Firmen, die wiederum dafür verantwortlich sind, dass sich kein normaler Mensch mehr eine Wohnung innerhalb der Innenstadtringe leisten kann. Die Mail des Beraters habe ich gelöscht, ohne sie zu beantworten.

Ich fand die Kitas so schön. In dem Park neben der Immobilie, in die wir nicht ziehen werden.

UPGRADE

Wir haben Oktober 2022, dieses Buch ist fast fertig, in Deutschland ist Inflation, vielleicht bald Atomkrieg, und mich nervt, dass der Pool so kalt ist. Es ist unser Pool, zumindest für zehn Tage, unser Pool auf unserer Dachterrasse. Die Dachterrasse ist 70 Quadratmeter groß, denn ich habe der Vermieterin der Ferienhausanlage zwei Wochen vor unserer Ankunft geschrieben, dass es sich beim gebuchten Urlaub um unsere Flitterwochen handelt. »Dann gibt sie uns bestimmt ein Upgrade«, habe ich zu M. gesagt. Hat sie gemacht. Jetzt sitzen wir also in einer Villa mit vier Schlafzimmern statt nur zwei. Mit einem Sofa, das Platz für acht Leute hätte, in einem Wohnzimmer, in dem wir frieren, denn die Decken sind fünf Meter hoch und die Fenster nach Nordwesten ausgerichtet. Auf der Terrasse stehen fünf Liegestühle und eine Sofaecke für sechs Personen. Wir sind glücklich und einsam.

Morgens stehe ich vor M. auf und mache Sachen. Ich jogge. Ich bereite Frühstück zu. Ich lese die einzelnen Kapitel dieses Buches, die Anmerkungen dazu, ich überarbeite. Ich suche auf Google Maps nach den besten Stränden und den besten Restaurants. Ich halte mein Gesicht in die ersten Sonnenstrahlen auf der Terrasse. Ich mache Urlaub mit der gleichen Einstellung, mit der ich an Buffets esse: Es muss sich *lohnen*. Man muss so viel genießen, wie man nur kann, so viel erleben, wie sich gerade in ein paar Tage quetschen lässt. Entspannen können wir zu Hause. Ich habe darüber nachgedacht, ob das daran liegt, dass meine Familie kaum weggefahren ist, als ich ein Kind war. Ob ich deswegen heute das Gefühl habe, etwas aufholen zu müssen, das ich damals verpasst habe. Würde gut klingen, wäre aber gelogen. Es gibt einfach Leute, die ertragen Ruhe nicht so gut, und zu denen gehöre ich.

Schreiben ist mir nie schwergefallen. Meistens fühlt es sich an, als wären die Texte schon in mir drin, ich muss sie nur noch abtippen. Bei diesem Buch war es anders. Das Schreiben war anstrengend. Ich habe gekämpft mit den Texten und mit mir darin. Vor allem damit, ehrlich zu sein. Hinzuschreiben, was ich denke, und nicht, was ich gerne denken würde. Zu dieser Ehrlichkeit gehört auch, dass es viel befriedigender ist, Geschichten aufzuschreiben, in denen man ein Opfer war, als Geschichten aufzuschreiben, in denen man Täterin ist. Oder, wenn Ihnen das Wort »Täterin« zu radikal ist: Geschichten, in denen man nicht gerade zur Verbesserung der Welt beiträgt. Sich hochnäsig und schlicht verhält. Ignorant und egomanisch.

Nachdem ich nun ehrlich war, nachdem ich alles aufgeschrieben habe, bleibt eigentlich nur die unangenehme Erkenntnis, dass man in der Welt, wie sie aktuell ist, entweder ein Arsch sein kann oder ge-arscht. Die »Spaltung der Gesellschaft«, von der alle reden, verläuft an genau dieser Linie. Man kann unter den Verhältnissen leiden oder man kann von ihnen profitieren. Es gilt als »Aufstieg«, wenn man problemlos 800 Euro für ein Kleidungsstück ausgeben kann. Aber es ist eigentlich kein Aufstieg, es ist einfach nur unnötig. Man gilt als »unterer Rand der Gesellschaft«, wenn man im Winter nur ein Zimmer heizen und nie eine Fernreise unternehmen kann. Aber das ist zugleich der Lebensstil, der am wenigsten zum Fortschreiten der Klimakrise beiträgt. Wenn wir von »Träumen« sprechen, meinen wir Instagram-Fotos von Karibikinseln, und wenn wir von »Zielen« sprechen, meinen wir Eigentum. Unsere Vorstellungen von Gut und Schlecht, davon, was

Genuss ist und was Leid, davon, was man im Leben erreichen sollte, sind verrutscht. Wir wissen das theoretisch, aber wir haben keine anderen Ideen.

Sage ich. Auf einem Achtsitzersofa liegend, um sieben Uhr morgens in einer Villa auf einer griechischen Insel, mit einem MacBook auf dem Schoß. Die Sonne geht gleich auf, ich habe die Kaffeemaschine schon eingeschaltet, sie macht diese röchelnden Geräusche.

Geld steckt einem in den Knochen. Es richtet einen auf oder es lässt einen gebückt werden. Finanzielle Sicherheit ist keine Frage der Einstellung. Wer nicht weiß, wie er die nächste Stromrechnung bezahlen soll, hat Angst. Und je mehr Angst man hat, desto mehr muss man sich fürchten. Denn Menschen mit Geldsorgen treffen schlechtere finanzielle Entscheidungen, weil ihnen durch die Sorgen das abstrakte Denken verloren geht.[70] In vergleichenden Studien mit Neugeborenen haben Wissenschaftler nachgewiesen, dass Babys eine höhere Hirnaktivität haben, wenn ihre Mütter im Monat ein paar hundert Dollar extra bekommen. Arme Babys hingegen denken weniger nach.[71]

Mit unserer Beziehung zu Geld ist es wie mit allen unseren Beziehungen; es gewinnt am Ende immer derjenige, der weniger liebt. Wenn man weniger liebt, kann man dem anderen mit Scheidung drohen. Oder sich distanzieren, sodass man quasi geschieden ist, nur ohne Urkunde. Der andere muss dann mehr für einen tun. Sich um die Liebe bemühen.

Wenn man Geld weniger lieben muss, bekommt man mehr. Einmal wurde mir angeboten, eine digitale Lesung zu machen, weniger als eine Stunde, für 100 Euro. Ich hätte mich nur vor meinen Laptop setzen müssen und ein bisschen vorlesen. Aber ich hatte aus tiefstem Herzen keine Lust. Also schrieb ich der Organisatorin, dass es mir das nicht wert sei. »Ich muss nicht davon leben«, schrieb ich, »aber andere schon, und da reichen solche Honorare einfach nicht.« Sie antwortete mir ein paar Tage später, dass sie sich besprochen hätten, das Problem erkannt und alle Honorare nun erhöht würden. Ich habe also mehr Geld bekommen, weil ich auf das Geld auch ohne Probleme verzichtet hätte. Da konnte ich mir zum ersten Mal vorstellen, wie das Leben so ist, wenn man reiche Eltern hat. Wenn man frei ist, die klügeren Entscheidungen zu treffen, anstatt sich damit aufzuhalten, wie man möglichst schnell möglichst viel verdient. Das unbezahlte Praktikum absolvieren, das Zweitstudium beginnen. Die Doktorarbeit schreiben oder das Gap-Year in Südafrika machen. Verhandeln, wenn das Honorar nicht reicht.

Es fiel mir schwer, dieses Buch zu schreiben, weil ich keine Handlungsanweisung habe. Keine These. Normalerweise schließt man Sachbücher ja wenigstens mit Forderungen. Das ist auch für die Leser erleichternd, denn sie können sich nach der deprimierenden Lektüre den Forderungen innerlich anschließen. Sie bekommen dadurch das Gefühl, zu einer besseren Welt beizutragen, obwohl sie eigentlich nichts Konkretes tun. Forderungen lassen das Unwohlsein verschwinden, egal, ob sie erfüllt werden oder nicht. Forderungen geben uns Hoffnung, selbst wenn es keinen rationalen Grund gibt, hoffnungsvoll zu sein.

Und deshalb will dieses Buch nichts. Ich will Sie zurücklassen ohne Ausweg, mit allen Gefühlen, die ich in Ihnen ausgelöst haben mag. Missgunst oder Entnervtheit. Skepsis oder Empörung. Vielleicht Mitgefühl oder Verbundenheit. Von mir aus Hass. Im besten Fall Wut. Im schlimmsten Fall Langeweile. Machen Sie das Beste draus.

Ich will jetzt zum Strand.

NACHWEISE UND ANMERKUNGEN

1 https://www.boeckler.de/de/boeckler-impuls-ein-prozent-besitzt-ein-drittel-6923.html.

2 Fratzscher, Marcel (2022): Geld oder Leben: Wie unser irrationales Verhältnis zum Geld die Gesellschaft spaltet. Berlin Verlag, S. 46.

3 https://www.zdf.de/dokumentation/zdfzeit/zdfzeit-die-wahrheit-uebers-erben-100.html.

4 Sapolsky, Robert M. (2017): Gewalt und Mitgefühl: die Biologie des menschlichen Verhaltens. Carl Hanser Verlag, S. 660.

5 infratest dimap (08.2022): »Mehrheit für stärkere Belastung höherer Einkommen«. rbb-Magazin Kontraste (www.infratest-dimap.de/umfragen-analysen/bundesweit/umfragen/aktuell/mehrheit-fuer-staerkere-belastung-hoeherer-einkommen/, zuletzt abgerufen am 09.11.2022).

6 https://awo.org/breite-allianz-fordert-kindergrundsicherung-von-naechster-bundesregierung/.

7 Fratzscher, Marcel (2022): Geld oder Leben (s. Anm. 2.), S. 46.

8 Deutschlandfunk Kultur (11.02.2008): »Die tödliche ›Wunderfaser‹«. (www.deutschlandfunkkultur.de/die-toedliche-wunderfaser-102.html, zuletzt abgerufen am 09.11.2022).

9 Deutsche Gesetzliche Unfallversicherung: »Entstehungsgeschichte« (gvs.bgetem.de/entstehungsgeschichte, zuletzt abgerufen am 09.11.2022).

10 Deutsche Gesetzliche Unfallversicherung forum (3/22): »Schutz der Beschäftigten vor Asbest – was macht die EU?« (forum.dguv.de/ausgabe/3-2022/artikel/schutz-der-beschaeftigten-vor-asbest-was-macht-die-eu, zuletzt abgerufen am 09.11.2022).

11 SRF (20.11.2014): »Ist ein neuer Prozess gegen Schmidheiny möglich?« (www.srf.ch/news/international/ist-ein-neuer-prozess-gegen-schmidheiny-moeglich, zuletzt abgerufen am 09.11.2022).

12 Der Spiegel (30.11.1980): »Jedes Jahr 10 000 Tote durch Asbest?« (www.spiegel.de/politik/jedes-jahr-10-000-tote-durch-asbest-a-bb84b50b-0002-0001-0000-000014332297, zuletzt abgerufen am 09.11.2022).

13 Deutsche Handwerks Zeitung (28.05.2020): »Nationales Asbest Profil
    veröffentlicht Zahlen – Jährlich 1500 Tote durch Asbest«
    (www.deutsche-handwerks-zeitung.de/asbest-haus-renoviert-krebs-
    programmiert-148147/, zuletzt abgerufen am 09.11.2022).

14 Lévi-Strauss, Claude (2014): Wir sind alle Kannibalen. Suhrkamp, S. 53.

15 Lewis-Kraus, Gideon (08.08.2022): »The Reluctant Prophet of Effective
    Altruism«, New Yorker (www.newyorker.com/magazine/2022/08/15/
    the-reluctant-prophet-of-effective-altruism, zuletzt abgerufen am
    09.11.2022).

16 Deutschlandfunk Kultur (24.11.2014): »Kabarett Hörbuch – Großartiges
    Granteln zum Abschied« (www.deutschlandfunkkultur.de/kabarett-
    hoerbuch-grossartiges-granteln-zum-abschied-100.html, zuletzt abgeru-
    fen am 09.11.2022).

17 ZEIT (09.03.2022): Lars Weisbrod: »Wie langfristig sollten wir denken?«
    (www.zeit.de/2022/11/longtermism-philosophie-zukunft-
    menschheit?page=3, zuletzt abgerufen am 09.11.2022).

18 Geißler, Rainer (2008): »Dienstleistungsschichten und industrielle
    Dienstleistungsgesellschaft«. In: Die Sozialstruktur Deutschlands. VS
    Verlag für Sozialwissenschaften (doi.org/10.1007/978-3-531-91195-3_8,
    zuletzt abgerufen am 09.11.2022).

19 Krahé, Maximilian (2022): »Changing Accounts of the Relationship
    Between Capitalism and Democracy: From Incompatibility to Partner-
    ship, and Back?«. History of Political Thought, Vol. 43, No. 1, Februar
    2022, S. 161–198, hier S. 165.

20 Ebd., S. 164.

21 ZEIT (05.01.2020): Mark Schieritz: »Geld her!« (www.zeit.de/2020/02/
    geld-wirtschaftsgeschichte-zahlungsmittel-regierung-finanzielle-
    revolution, zuletzt abgerufen am 09.11.2022).

22 Adorno, Theodor W., Horkheimer, Max (1944): Dialektik der Aufklä-
    rung: Philosophische Fragmente. Suhrkamp 1970, S. 19.

23 Teile dieses Kapitels sind in ähnlicher Form bereits in der ZEIT erschie-
    nen.

24 Manager Magazin (16.07.2004): »Wohnungsverkauf stopft Rentenloch«
    (www.manager-magazin.de/unternehmen/artikel/a-308944.html, zuletzt
    abgerufen am 09.11.2022).

25 Tagesspiegel (11.03.2006): »Politik: Fonds kaufen Wohnungen in Städten
    auf« (www.tagesspiegel.de/politik/fonds-kaufen-wohnungen-in-
    stadten-auf-1312798.html, zuletzt abgerufen am 09.11.2022).

26 Finanztip (28.09.2022): Jörg Leine: »Grunderwerbsteuer – So funktio-
    niert die Steuer beim Kauf einer Immobilie« (www.finanztip.de/

grunderwerbsteuer/#:~:text=Beim%20Kauf%20eines%20Grundst%
C3%BCcks%2C%20b,in%20gerader%20Linie%20verwandt%20sind.,
zuletzt abgerufen am 09.11.2022).

27 Institut der deutschen Wirtschaft (06.07.2020): »Reichtum: Wer zur
Oberschicht gehört« (www.iwkoeln.de/presse/pressemitteilungen/
judith-niehues-maximilian-stockhausen-wer-zur-oberschicht-gehoert.
html, zuletzt abgerufen am 09.11.2022).

28 Der Sechste Armuts- und Reichtumsbericht der Bundesregierung (2021):
S. 52 (www.bmas.de/SharedDocs/Downloads/DE/Soziale-
Sicherung/6-arb-langfassung.pdf?__blob=publicationFile&v=3, zuletzt
abgerufen am 09.11.2022).

29 Martin, Angela (2012): »Erbinnen im Aufbruch – Das Pecunia-Erbinnen-
Netzwerk« (www.angela-martin.eu/wp/wp-content/uploads/
2012/04/erbinnen_im_aufbruch.pdf, zuletzt abgerufen am 09.11.2022).

30 Bundestag (2022): Aufwandsentschädigung für die Abgeordneten des
Deutschen Bundestages (www.bundestag.de/abgeordnete/mdb_
diaeten/mdb_diaeten-214848, zuletzt abgerufen am 09.11.2022).

31 Correctiv (21.07.2016): »Sparkassen-Vorstand müsste man sein«
(www.correctiv.org/aktuelles/sparkassen/2016/07/21/sparkassen-
vorstand-muesste-man-sein/, zuletzt abgerufen am 09.11.2022).

32 Frankfurter Allgemeine Zeitung (26.03.2022): Mark Fehr und Tillmann
Neuscheler: »Erhöht die Preise schneller!« (www.faz.net/aktuell/
wirtschaft/unternehmen/inflation-so-sollten-unternehmen-jetzt-
reagieren-17910036.html, zuletzt abgerufen am 09.11.2022).

33 Der Spiegel (50/2003): »Scheidungsrecht – Pflicht zur Solidarität«
(magazin.spiegel.de/EpubDelivery/spiegel/pdf/29410488, zuletzt abgerufen am 09.11.2022).

34 Ebd.

35 Bundesverfassungsgericht: Leitsatz zum Urteil des Ersten Senats vom
6. Februar 2001 – 1 BvR 12/92 (www.bundesverfassungsgericht.de/
SharedDocs/Entscheidungen/DE/2001/02/rs20010206_1bvr001292.html,
zuletzt abgerufen am 09.11.2022).

36 Federici, Silvia (2004): Caliban and the Witch. Penguin 2021, S. 109.

37 Ebd., S. 98.

38 Statista: »Frauen und Männer in Deutschland nach Nettoeinkommen im
Vergleich mit der Bevölkerung im Jahr 2021« (de.statista.com/
statistik/daten/studie/290399/umfrage/umfrage-in-deutschland-zum-
einkommen-von-frauen-und-maennern/#:~:text=Im%20Jahr%20
2021%20hatten%20laut,stets%20%C3%BCber%20dem%20der%20
Frauen, zuletzt abgerufen am 09.11.2022).

39 DIW Wochenbericht (46/2019): »Teilzeiterwerbstätigkeit: Überwiegend weiblich und im Durchschnitt schlechter bezahlt« (www.diw.de/de/diw_01.c.697152.de/publikationen/wochenberichte/2019_46_1/teilzeit erwerbstaetigkeit__ueberwiegend_weiblich_und_im_durchschnitt_schlechter_bezahlt.html#:~:text=Die%20Erwerbsbeteiligung%20von%20Frauen%20ist,noch%20Mitte%20oder%201990er%20 Jahre, zuletzt abgerufen am 09.11.2022).

40 Der Spiegel(15.07.2021): »Alleinerziehende und ihre Kinder sind besonders häufig arm« (www.spiegel.de/wirtschaft/soziales/armut-allein erziehende-und-ihre-kinder-besonders-haeufig-betroffen-a-7a016e53-54 98-47eb-b338-709ccaba6f72, zuletzt abgerufen am 09.11.2022).

41 International Labour Office (2018): »Care work and care jobs for the future of decent work«, S. 53 (www.ilo.org/wcmsp5/groups/public/---dgreports/---dcomm/---publ/documents/publication/wcms_633135.pdf, zuletzt abgerufen am 09.11.2022).

42 Teile dieses Kapitels sind in ähnlicher Form bereits in der *ZEIT* erschienen.

43 Frankfurter Allgemeine Zeitung (28.09.2020): »Sozialer Aufstieg: Wenn die Eltern nicht studiert haben« (www.faz.net/aktuell/wirtschaft/schneller-schlau/sozialer-aufstieg-wenn-die-eltern-nicht-studiert-haben-16960036.html, zuletzt abgerufen am 09.11.2022).

44 Übersetzung von Kerstin Wastl und Bianca-Jeanette Schröder (https://www.bj-schroeder.de/wp-content/uploads/2015/01/15_epigramme_ws14_15.pdf, zuletzt abgerufen am 09.11.2022).

45 Siegrist, Johannes (2010): »Effort-reward imbalance at work and cardio-vascular diseases«. International journal of occupational medicine and environmental health, 23(3), S. 279–285 (doi.org/10.2478/v10001-010-0013-8, zuletzt abgerufen am 09.11.2022).

46 Peiner Allgemeine Zeitung (02.08.2018): »Warum Brautkleider früher schwarz gewesen sind« (www.paz-online.de/lokales/peine-lk/ilsede/warum-brautkleider-frueher-schwarz-gewesen-sind-2DMYZ7T2X324 LWZBSR7O3DPLRU.html, zuletzt abgerufen am 09.11.2022).

47 praktischArzt: »Hausarzt Gehalt: Was verdient ein Hausarzt pro Patient?« (https://www.praktischarzt.de/arzt/hausarzt-gehalt/, zuletzt abgerufen am 09.11.2022).

48 Simmel, Georg (1900): Philosophie des Geldes. Anaconda 2009, S. 318.

49 Melina, V., Craig, W., & Levin, S. (2016): »Position of the Academy of Nutrition and Dietetics: Vegetarian Diets«. Journal of the Academy of Nutrition and Dietetics, 116(12), 1970–1980 (doi.org/10.1016/j.jand.2016.09.025, zuletzt abgerufen am 09.11.2022).

50 Landwirtschaftskammer: »Agrarreform 2023 – ein Überblick« (www.landwirtschaftskammer.de/foerderung/hinweise/agrarreform-2023.htm#direkt, zuletzt abgerufen am 09.11.2022).

51 BUND: »Die Gemeinsame Agrarpolitik (GAP): Wer viel Fläche hat, bekommt viel Geld« (www.bund.net/themen/landwirtschaft/eu-agrarpolitik/, zuletzt abgerufen am 09.11.2022).

52 Gerlach, B., R. Dröschmeister, T. Langgemach, K. Borkenhagen, M. Busch, M. Hauswirth, T. Heinicke, J. Kamp, J. Karthäuser, C. König, N. Markones, N. Prior, S. Trautmann, J. Wahl & C. Sudfeldt (2019): Vögel in Deutschland – Übersichten zur Bestandssituation. DDA, BfN, LAG VSW, Münster.

53 ZEIT (11.12.2021): Elisabeth Raether: »Muss es immer Kaviar sein? Eine Anleitung zum Genießen in schwierigen Zeiten« (https://www.zeit.de/2021/51/geniessen-kochen-essen-fleischkonsum-klima, zuletzt abgerufen am 09.11.2022).

54 Eusemann, Beryl K. (2020): »The Influence of Egg Production, Genetic Background, Age, and Housing System on Keel Bone Damage in Laying Hens«, Dissertation (www. refubium.fu-berlin.de/bitstream/handle/fub188/28838/Eusemann_online.pdf?sequence=3&isAllowed=y, zuletzt abgerufen am 09.11.2022).

55 ZEIT (22.07.2022): Merlind Theile: »Kükentöten – Piep?« (https://www.zeit.de/2022/30/kuekentoeten-verbot-deutschland-tierschutz, zuletzt abgerufen am 09.11.2022).

56 AOK (15.04.2016): »Zuckerkrankheit steht dem Rauchen in nichts nach« (www.aok-bv.de/presse/medienservice/politik/index_16241.html, zuletzt abgerufen am 09.11.2022).

57 Reid, Laurie (2005): »The effects of traditional harvesting practices on restored sweetgrass populations«, Masterarbeit, State University of New York (https://www.proquest.com/openview/f596764fa9096b1d705d4e3c8503f2a6/1?pq-origsite=gscholar&cbl=18750&diss=y, zuletzt abgerufen am 09.11.2022).

58 Rutte, Christel G. et al. (1987): »Scarcity or abundance caused by people or the environment as determinants of behavior in the resource dilemma«. In: Journal of Experimental Social Psychology 23 (3), Mai 1987, S. 208–216.

59 Lewis, S. C. (2015): »Reciprocity as a Key Concept for Social Media and Society«. Social Media + Society, 1(1) (doi.org/10.1177/2056305115580339, zuletzt abgerufen am 09.11. 2022).

60 Ostrom, Elinor (1990): Governing the Commons. The Evolution of Institutions for Collective Action. Cambridge University Press 2015.

61 Hardin, Garret: »The Tragedy of the Commons«. In: Science, New Series, Vol. 162, No. 3859 (1968), S. 1243–1248.

62 Süddeutsche Zeitung (03.01.2019): Sven Lüüs: »Shoppen oder sparen?« (www.sueddeutsche.de/wirtschaft/sparen-kaufen-glueck-1.4248279, zuletzt abgerufen am 09.11.2022).

63 Lévi-Strauss, Claude (2014): Wir sind alle Kannibalen. Suhrkamp, S. 53.

64 Rötzer, Florian (2020): Sein und Wohnen: Philosophische Streifzüge zur Geschichte und Bedeutung des Wohnens. Westend, S. 97.

65 ZEIT (30.04.2021): Marcel Fratzscher: »Der Mietendeckel schadet Geringverdienern« (www.zeit.de/wirtschaft/2021-04/wohnkosten-mietrecht-mietendeckel-enteignung-wohnungsbau-sozialhilfe, zuletzt abgerufen am 09.11.2022).

66 Ebd. und Frankfurter Allgemeine Zeitung (15.06.2021): »So viel geht in Großstädten vom Gehalt für die Miete drauf« (https://www.faz.net/aktuell/wirtschaft/wohnen/miete-in-grossstaedten-so-viel-vom-gehalt-geht-fuer-die-miete-aus-17389947.html, zuletzt abgerufen am 09.11.2022).

67 Engels, Friedrich (1887): Zur Wohnungsfrage. Project Gutenberg (https://www.projekt-gutenberg.org/engels/wohnung/me18_209.html, zuletzt abgerufen am 09.11.2022) Vorwort.

68 Rötzer, Florian (2020): Sein und Wohnen: Philosophische Streifzüge zur Geschichte und Bedeutung des Wohnens. Westend, S. 108.

69 Ebd., S. 106.

70 Caballero, A., Fernández, I., Aguilar, P., & Carrera, P. (2022): »The links among relative financial scarcity, thinking style, fatalism, and well-being«. PsyCh journal, 10.1002/pchj.566 (doi.org/10.1002/pchj.566, zuletzt abgerufen am 09.11.2022).

71 Troller-Renfree et al. (2022): »The impact of a poverty reduction intervention on infant brain activity«, PNAS Vol. 119, No. 5 (doi.org/10.1073/pnas.2115649119, zuletzt abgerufen am 09.11.2022).